स्मृति सत्ता भविष्यत्
तथा
अन्य श्रेष्ठ कविताएँ

विष्णु दे

वाणी प्रकाशन ग्रुप
भारतीय ज्ञानपीठ
वाणी प्रकाशन : भारतीय ज्ञानपीठ की पुस्तकों के एकमात्र प्रकाशक एवं वितरक

सजिल्द पहला संस्करण : 1973
सजिल्द दूसरा संस्करण : 2025

लोकोदय ग्रन्थमाला : ग्रन्थांक 338

4695, 21-ए, दरियागंज, नयी दिल्ली-110 002
फ़ोन : 011-23273167, 23275710
ईमेल : sales@vaniprakashan.in

स्मृति सत्ता भविष्यत् तथा अन्य श्रेष्ठ कविताएँ
(कविता-संग्रह)
विष्णु दे

ISBN : 978-93-6944-354-3

मूल्य : **675**

मुद्रक : *सिटी प्रेस, दिल्ली-110 095 में मुद्रित*

SMRITI SATTA BHAVISHYAT TATHA ANYA SHRESHTHA KAVITAYEN (A Collection of poems) *by* **Vishnu Dey**

स्मृति सत्ता
भविष्यत्
तथा अन्य
श्रेष्ठ कविताएँ

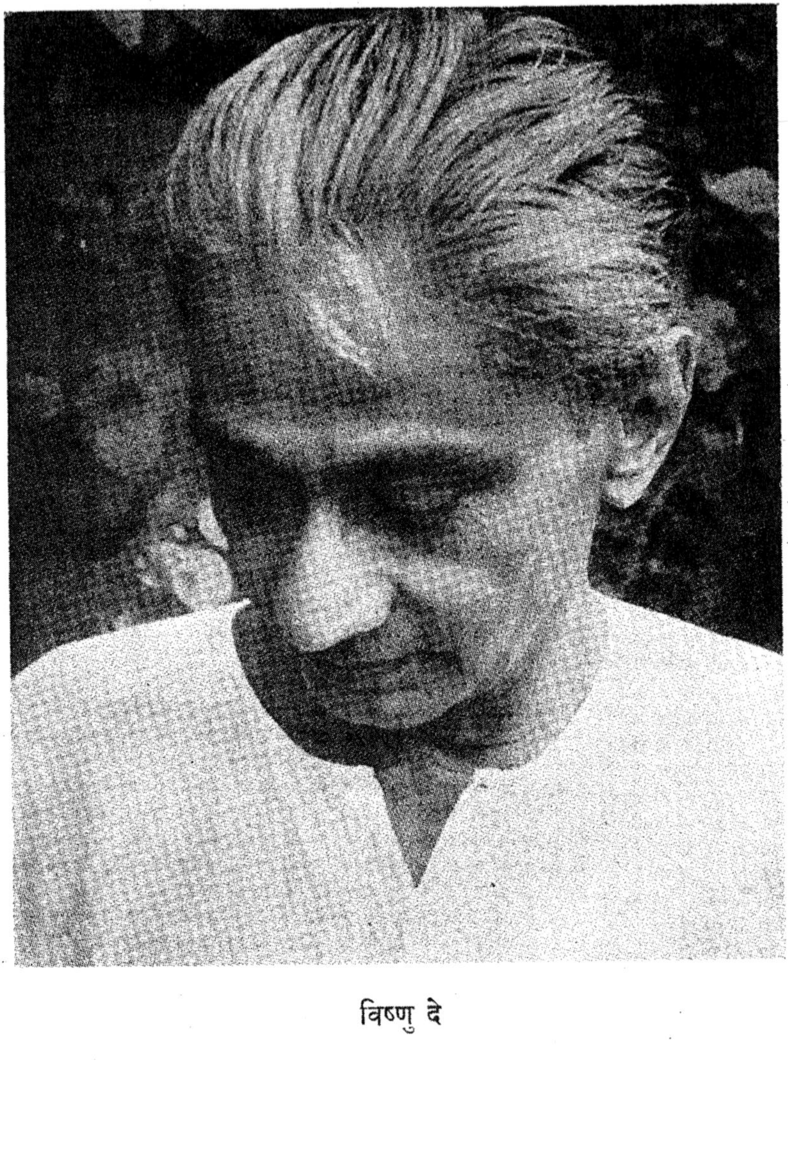

विष्णु दे

कवि विष्णु दे और उन का काव्य

●

विष्णु दे की प्रथम काव्य-कृति **उर्वशी ओ आर्टेमिस** (ओ = और), जब सन् १९३३ में प्रकाशित हुई, उस समय वे लगभग २४ वर्ष के थे और एम. ए. (अँगरेज़ी साहित्य) में पढ़ते थे। इस प्रथम संग्रह में संकलित अनेक कविताएँ १९२९ में लिखी गयी थीं, पाँच वर्ष पहले। भारतीय पुराणों में वर्णित उर्वशी और यूनान की प्राचीन गाथाओं की नायिका आखेटक दैवी-कन्या आर्टेमिस (सूर्यदेव एपोलो की सहजात बहिन), को एक-साथ अपनी कविता का विषय बनाने वाले कवि के अध्ययन की पृष्ठभूमि कितनी विशाल और अन्तरराष्ट्रीय होगी, यह स्पष्ट हो जाता है। पुरुष और नारी के प्रेम-सम्बन्धों की प्रकृति की खोज का काव्यगत प्रयत्न बिना आन्तरिक उद्वेलन के, बिना प्रेम की पीड़ा सहे, सम्भव नहीं होता। अर्थात् बुद्धि और अनुभूति दोनों के स्तर पर विष्णु दे का कवि प्रमाणित था। इतना ही नहीं, विष्णु दे ने बाङ्ला कविता को एक नया आयाम दिया था—शैलीशिल्प का, भाषा का, नयी डगर का। काव्य में प्रतिध्वनित प्रेम की पीड़ा और नारी तथा पुरुष के सम्बन्धों को विराट् और महत्तर की खोज का आधार बनाने के प्रयत्न का प्रमाण मिला इस बात से कि एक वर्ष के भीतर ही उन का प्रेम-परिणय अपनी सहपाठिनी प्रणति राय चौधरी के साथ सम्पन्न हुआ। और काव्य की महत्ता का प्रमाण ?—यह मिला काव्य के शलाकापुरुष रवीन्द्रनाथ ठाकुर से। मार्मिक है यह सन्दर्भ। **उर्वशी ओ आर्टेमिस** को गुरुदेव ने पढ़ा तो चकित हुए। पढ़ते ही एक पत्र लिखा—जुलाई १९३३ में (बाङ्ला तिथि, २९ आषाढ़, १३४०):

"तुम ने अपनी रचना में पर्याप्त साहसिकता दिखायी है। कुछ लेखक होते हैं जो आधुनिकता का दावा करते हैं, जब कि वास्तव में वह होते हैं पुरानी लीक के ही अनुगामी। तुम में मैं ने पाया है नयी धरती गोड़ने का आयास।........मेरे पग अवरुद्ध हुए ज़रूर, किन्तु इस प्रतीति को पाने के लिए कि गुड़ाई ज़ोरदार हुई है। काल के गतिमान् चरण धीरे-धीरे रास्ते को साफ़ और सपाट बनायेंगे। नये युग के यात्रियों में जो अधिक वेगवान् होंगे, सम्भव है उन की रुचि की दृष्टि से उन की यात्रा अनुमान से कहीं अधिक सरल प्रमाणित हो। मैं आशा करना चाहूँगा कि तुम्हारी कवि-लेखनी की अभिसार-यात्रा जैसे-जैसे साहित्यिक ख्याति की चरम मिलन-स्थली की ओर पहुँचेगी, वह परम्परा के झाड़-झंखाड़ों में नहीं उलझेगी—न प्राचीन के, न नवीन के।"

लगता है, रवीन्द्रनाथ का मन कविताओं से अभिभूत होता ही रहा, और अगले ही दिन उन्होंने एक दूसरा पत्र विष्णु दे को लिखा, पहले पत्र की अपर्याप्तता का निराकरण करने के लिए :

"ये कविताएँ ऐसे मस्तिष्क से उपजी हैं जो अभिनव और युवा है। इन में तरुणाई का वह वेग है जो तरंगों की भाँति उठता है और तट पर की चट्टानों से टक्कर लेता है। इन में शिलाखण्ड जैसी स्थिरता और लहरों की प्रवाहमयता की पारस्परिक क्रीड़ा परिलक्षित है।....तुम्हारी एक अपनी अलग काव्य-शैली है।"

काव्य-विकास :

दो वर्ष के उपरान्त एक नया कविता-संग्रह प्रकाशित हुआ—चोराबालि अर्थात् (चोर-बालू), जिस में १९२६ से १९३७ के बीच लिखी कविताएँ संगृहीत हैं। नदी किनारे की बालू के वे छोटे-बड़े ढेर जो हवा की क्रीड़ा से बन जाते हैं, जिन के नीचे दलदल होती है, और जो अपनी स्थूल इयत्ता के नीचे छिपी दलदल से हमें भरमाते हैं, हम उन में फँस जाते हैं। 'चोराबालि' के माध्यम से विष्णु दे ने अपनी काव्यानुभूति के उस अगले चरण को प्रतीकित किया है जहाँ प्रेम की प्रकृति के अन्वेषण को उन्होंने जीवन की द्विधा के परिवेश में पहचान कर आगे बढ़ाया—जहाँ सत्-असत्, उदारता और हीनता, करुणा और कठोरता के द्वन्द्वों की वास्तविकता को अंगीकार किया गया है—प्रेम जहाँ अपनी तल्लीनता में परिवेश को बाधक पाता है किन्तु उसे स्वीकारता भी है। 'उभचर', 'घुड़सवार', 'क्रेसिडा', 'ओफ़ेलिया' आदि लम्बी कविताओं में व्यंजना की समस्त

चारुता के साथ मनुष्य की द्विधा और विरोधी तत्त्वों की समाहृति को रूपाकार दिया गया है।

इस संग्रह को पढ़ कर विष्णु दे के ज्येष्ठ समसामयिक सुधीन्द्र दत्त ने लिखा था :

> "विष्णु दे की काव्यशैली कम से कम बाङ्ला साहित्य में इतनी अभूतपूर्व है कि उन की कविताओं का वास्तविक मूल्यांकन उस के लिए असम्भव है जिस में आदर-भावना और अनुभूति की ऊष्मा नहीं है।"

१९४१ से १९४७ के बीच **पूर्वलेख, सात भाइ चम्पा** और **सन्द्वीपेर चर** ये तीन मुख्य संकलन प्रकाशित हुए जिन में विष्णु दे की कविता ने व्यक्ति के सम्भ्रम को, व्यक्तित्व की खोज को, मानव-समाज के अस्तित्व और विचार-चिन्तन की प्रक्रिया के सन्दर्भ में, समूचे इतिहास के आलोक में, समझने एवं उद्भासित करने का प्रयत्न किया। इस प्रयत्न और दृष्टि की अभिनवता के अनुरूप विष्णु दे अपनी शैली को उत्तरोत्तर परिपुष्ट करते गये और उस में सहजता का संचार करते गये।

जो द्विधा मानव के भाग्य में लिखी है, जिस सत् के प्ररूपण के लिए असत् की सत्ता को स्वीकारना पड़ता है, वह कवि के लिए बड़ी कष्टकर होती है, विशेष कर तब जब देश में और विदेश में, आततायियों के झुण्ड निरीह मानवता का दलन कर रहे हों, जब मदोन्मत्त शासन समस्त मानव-मूल्यों को निरस्त कर रहा हो और जब उस की छाया में पनपने वाले असामाजिक तत्त्व स्वार्थ और हिंसा का खुल कर खेल खेल रहे हों। यह दिन थे जब भारतमाता की दासता की शृंखलाएँ काटने के लिए छटपटाहट थी—**सात भाइ चम्पा** की लोककथा की दयनीय माँ का रानी-रूप प्रतिष्ठापित करने का प्रयत्न! अन्तर्राष्ट्रीय क्षितिज पर फ़ासिस्टवाद का उदय, बंगाल का अकाल, राष्ट्रीय चरित्र का पतन, स्वाधीनता का स्वर्णिम प्रभात, देश का विभाजन आदि घटनाओं से उत्पन्न भावनाओं और प्रतिक्रियाओं की प्रतिच्छवि इन संग्रहों में, विशेष कर **सन्द्वीपेर चर** के प्रतीकों में प्रतिभासित है। अपने कथ्य की काव्यात्मक अभिव्यक्ति के लिए और व्यंजना की शक्ति को मूल स्रोतों से परिपुष्ट करने के लिए विष्णु दे देश के ग्रामीण अंचलों की ओर उन्मुख हुए। उन्होंने छत्तीसगढ़ के लोकगीतों, सन्थालों के विद्रोह के गीतों, और ओराँव गीतों से प्रभावित काव्यरूपों और कथ्य की भंगिमाओं को अंगीकार कर के बाङ्ला कविता की आधुनिक शिल्प-रीतियों को नया आयाम दिया। सामयिक इतिहास के उद्वेलन ने विष्णु दे को कर्मक्षेत्र में अधिक सक्रिय

किया—उन्होंने फ़ासिज़्म के विरोध में लेखकों के संगठन को दृढ़ बनाने में प्रमुख भाग लिया। देश के नवयुवकों और युवतियों में नयी चेतना जगाने वाली गीत-नाट्यधर्मी संस्था 'इप्टा' (इन्डियन पीपुल्स थियेटर) के कार्यक्रमों का नेतृत्व किया।

१९५० में प्रकाशित **अन्विष्ट** अपने शीर्षक द्वारा ही उद्‌घोष करता है कि कवि के अन्वेषण की यात्रा एक ऐसी मंज़िल पर पहुँची है जहाँ उन की आस्था को आधार मिला है। 'सन्द्वीपेर चर' में जिस लक्ष्य की झाँकी थी और गाँवों की ओर बढ़ते डगों की हलकी ध्वनि थी, वह लक्ष्य सामने प्रस्तुत है, ध्वनि पूर्णरूप से मुखर है। कवि की आस्था है कि शहरी मनोवृत्ति जिस ग्राम्य-जीवन को उपेक्षा की दृष्टि से देखती है, उसे हेय समझती है, वास्तव में हमारे प्राणों के बल का उत्स वहाँ ही, वहाँ की संस्कृति में ही, निहित है। कविता में पयार छन्द की पुन:स्थापना, काव्य-भाषा में गद्य की सहजता का प्रवेश भी विष्णु दे के अन्विष्ट तत्त्व हैं। इसी संग्रह में प्रकाशित है उन की अत्यन्त प्रसिद्ध कविता 'जल दाओ', जो जीवन-पादप के उक्त सांस्कृतिक मूल को सींचने का सन्देश देती है।

१९४६ से १९५३ तक रचित कविताओं का संकलन है—**नाम रेखेछि कोमल गान्धार**। अन्विष्ट की आस्था को स्थायित्व देने वाले एक आध्यात्मिक तत्त्व की अनुगूँज इस कोमल गान्धार में है। कविता के विविध छन्द-रूपों के अनेक मनोहारी प्रयोग यहाँ हुए हैं।

अगले दो-तीन वर्षों में रचित कविताएँ **तुमि शुधु पँचीशे बैशाख** और **आलेख्य** में संकलित हैं। एक विशेष तत्त्व विष्णु दे की कविताओं का प्रमुख अंग रहा है—उन का प्रकृति-प्रेम, प्रकृति-चित्रण और पशु-पक्षियों, जीव-जन्तुओं के प्रति तथा उन में कोमल, मानवीय भावनाओं का प्रतिबिम्बन। 'दुरन्तस्मृति', 'एकटिबकुल', 'परवाशी' इसी प्रकार की रम्य कविताएँ हैं। 'चिरऋणी' शीर्षक कविता तो ऐसी रोमांचक है कि जीव-लोक में मानव और पशु का भेद तिरोहित हो जाता है और एक कुरंग एकाकी कवि को अपनी दृष्टि और चेष्टा के स्नेह से चिरकाल के लिए कृतज्ञ बना जाता है। **आलेख्य** की कविताओं में ध्वनित है मनुष्य के सात्त्विक स्वभाव की गाथा—उस की अवरोध-विजयिनी प्राणवत्ता, उस की सोद्देश्य जिजीविषा, और उस के उज्ज्वल भविष्य का विधान।

जिस कृति पर कवि को भारतीय ज्ञानपीठ का पुरस्कार घोषित किया गया है, और जो साहित्य अकादमी द्वारा भी पुरस्कृत है, वह है **स्मृति सत्ता भविष्यत**, जिस में १९५५ से १९६१ तक रचित कविताएँ संगृहीत हैं। कवि के काव्य-विकास के सभी चरणों की परिणति, उन के चिन्तन की सभी धाराओं का संगम, हमारे राष्ट्रीय जीवन के त्रिकाल-गामी आयामों का आकलन, शैलीशिल्प की

परिपक्वता और विविधता सब का स्थायी प्रतिफलन इस कृति में हुआ है। कवि की दृष्टि ने यहाँ भुक्त इतिहास और मानव भाग्य, व्यक्ति का एकाकीपन और समाज की सामूहिक चेतना, वर्तमान के परिवेश की विच्छिन्नता और अतीत की अनवरतता, आदि द्वन्द्वों को भविष्य के उन्नयन की आस्था में समाहृत किया है। जिस शीर्षक पर संग्रह आधारित है उस के तीन शब्दों की लघुता में व्यक्ति और समष्टि के अतीत (स्मृति), वर्तमान (सत्ता) और भविष्य (भविष्यत्) का चित्रफलक प्रस्तुत किया गया है। कवि की जीवन-दृष्टि को जिस प्रतीक-कथा के माध्यम से यह कविता व्यक्त करती है, वह सन्दर्भ रवीन्द्रनाथ की एक रचना से लिया गया है। विवाह के मण्डप में सब तैयारियाँ हो चुकी हैं; अभ्यागत आ गये हैं; पान रचाये सजीली महिलाएँ उत्सव की तैयारी से प्रमुदित हैं; सारे सरंजाम के बीच वधू भी बनी-सँवरी लजायी हुई बैठी है—और, वर है कि आया ही नहीं, आ ही नहीं रहा। यहाँ वर प्रतीक है मनुष्य की 'सत्ता' का। आधुनिक जीवन में सभी कुछ तो है—ऊँची अट्टालिकाएँ, व्यापार-व्यवहार, बाबू, मुन्शी और अफ़सर—किन्तु मनुष्य की सत्ता, उस की अस्मिता इस सब के बीच से ग़ायब है; अतः सब कुछ खोखला है। परिवेश के साथ सत्ता का बिलगाव ही हमारी संस्कृति का संकट है। इस संकट से मुक्ति का उपाय है कि हम अपनी स्मृति को जाग्रत् करें, अतीत के उस स्वर्णिम युग से इसे सम्पृक्त करें जब प्रकृति का समस्त परिवेश मानव-सत्ता के साथ एकात्म था। उस तादात्म्य के माध्यम से ही हमारा भविष्यत् निरापद और सार्थक होगा। हमारा खण्डित व्यक्तित्व अपनी प्रकृत पूर्णता प्राप्त करेगा। चरम आस्था का यह आशावान् स्वर काव्य की उपलब्धि को रेखांकित करता है।

इस संग्रह के बाद के प्रकाशनों में उल्लेखनीय हैं: **शेई अन्धकार चाई** (१९६६ में प्रकाशित),—उस आदिम अन्धकार की वांछा, जो संहारक है तो सम्पोषक भी। अन्धकार का वह लोक जहाँ मृत्यु अपना दंश भूल जाती है, वह एक अलौकिक सौन्दर्य से मण्डित होती है और, वास्तव में, कविता वहाँ ही जन्म लेती है।

संवाद मूलतः काव्य (१९६९), और **इतिहासे ट्रैजिक उल्लासे** (१९७०) अगले दो संग्रह हैं। पहली कृति के शीर्षक का भाव है कि पत्रों में प्रकाशित होने वाला प्रत्येक समाचार वास्तव में कविता है। संवाददाता की निष्पक्ष दृष्टि से जगत् की घटनाओं को कवि देखे अवश्य, किन्तु प्रत्येक संवाद के कार्य-कारण तथा कर्त्ता और कर्म के पार से मनुष्य के धड़कते हुए हृदय की झंकार को अनुभूति के स्तर पर अपनाये। दैनन्दिन जीवन की घटनाओं पर आश्रित इस संग्रह की कविताएँ

कवि की इस दृष्टि को प्रमाणित करती हैं। दूसरी कृति का शीर्षक विचित्र विरोधी स्थितियों को सामंजस्य की लड़ी में गूँथ कर प्रस्तुत करता है। इतिहास की ट्रैजिडी उल्लास का कारण कैसे बन सकती है? भाव यह है कि मनुष्य के भाग्य की त्रासद स्थिति उसे जिस संघर्ष से जूझने को बाध्य करती है वह स्थिति जब प्रेरक बनती है तो व्यक्ति की क्षमताएँ प्रस्फुटित होती हैं और जूझने की निर्माणात्मक प्रक्रिया का एक अपना ही उल्लास होता है।

बहुमुखी कृतित्व :

अपनी विश्वविद्यालयीय शिक्षा पूरी करने के उपरान्त १९३५ में ही विष्णु दे प्राध्यापक हो गये और जब ३४ वर्ष बाद वह १९६९ में बंग सरकार के शिक्षा-विभाग से सेवा-निवृत्त हुए तब वह कलकत्ता के मौलाना आज़ाद कॉलेज में अँगरेज़ी के प्राध्यापक थे। स्पष्ट ही, विष्णु दे कवि के रूप में जितने क्रियाशील रहे, विश्व-साहित्य के अध्येता और समीक्षक के संयुक्त रूप में भी प्रायः उतने ही अधिक दत्तचित्त रहे। आधुनिक कविता के भाव-बोध की मुख्य प्रेरणा कवि को जहाँ से सर्वाधिक प्राप्त हुई वह है इलियट की कविता। विष्णु दे ने इलियट की जितनी अधिक कविताओं का अनुवाद जितनी अधिक संवेदना से सार्थक रूप में किया, वह शायद भारतीय भाषाओं में अनन्य है। इस के अतिरिक्त उन्होंने विश्व के मूर्धन्य कवियों में से लगभग ६६ कवियों को बाङ्ला में अनूदित किया है। इस प्रकार के दो संग्रह प्रकाशित हैं—**इलियटेर कविता** (१९५३) तथा **हे विदेशी फूल** (१९५६)। समीक्षात्मक तथा अन्य विषयों से सम्बन्धित निबन्धों के संग्रहों में उल्लेखनीय हैं : **रुचि ओ प्रगति** (१९४६), **साहित्येर भविष्यत्** (१९५२), **माइकेल रवीन्द्रनाथ ओ अन्य जिज्ञासा**, और **रवीन्द्रनाथ ओ शिल्प-साहित्ये आधुनिकतार समस्या**। हाल ही में अँगरेज़ी में एक विविध निबन्ध-संग्रह प्रकाशित हुआ है—**इन द सन एण्ड द रेन**।

व्यक्तित्व की समग्रता और शालीनता तथा सांस्कृतिक रुचियों की विविध चारुता का उदाहरण देखना हो तो विष्णु दे की तेजस्विता सामने आती है। कवि, समीक्षक, और निबन्ध-लेखक तो उच्चकोटि के विष्णु दे हैं ही, भारतीय तथा पश्चिमी क्लासिकल संगीत में उन की गहरी रुचि है, इस का इन्हें अभ्यास है। इन के काव्य में राग-रागिनियों के सन्दर्भ बड़ी सहजता और सार्थकता से आते हैं। स्वयं कई वाद्य-यन्त्र बजाते हैं। गीतकार और गायक हैं। चित्रकार और मूर्तिकार हैं।

ग्रामीण गीतों के प्रति आकर्षण और अपनी कविता में उन की पुनःस्थापना

की बात मैं ऊपर कह चुका हूँ। विष्णु दे ने लोक-जीवन में व्याप्त कला की परम्परा को विशेष आदर के साथ चर्चित किया। जामिनी राय के कृतित्व से प्रभावित हो कर उन के अवदान की विस्तृत व्याख्या करने वाले निबन्धों की रचना की। गाँव की धरती की सुरभि, वहाँ के गीत, वहाँ की कला, वहाँ के जीवन का सहज माधुर्य, वहाँ की हवा में बसी संस्कृति की सुवास, वहाँ के नदी, नाले, निर्झर और पहाड़ विष्णु दे के रोम-रोम में बसे हैं और काव्य के अंश-अंश में प्रतिध्वनित, प्रतिबिम्बित हैं। यही कारण है कि कलकत्ता से लगभग दो सौ मील दूर बिहार के सन्थाल परगने में बसे गाँव रिखिया को उन्होंने अपना 'घर' माना है, बनाया है।

भारतीय ज्ञानपीठ के पुरस्कार की घोषणा के उपरान्त जब नवम्बर १९७२ में हम ने पुरस्कार-समर्पण-समारोह का आयोजन निश्चित किया तो अचानक ही विष्णु दे बीमार पड़ गये और हर्निया का ऑपरेशन उन्हें कलकत्ता में करवाना पड़ा। जैसे ही वह थोड़ा उठने-बैठने लायक़ हुए, उन्होंने तत्काल रिखिया जाने का कार्यक्रम बना लिया। लगभग दो महीने के आराम के बाद कुछ दिन पहले ही वह कलकत्ता लौटे हैं और १० फ़रवरी १९७३ को नियोजित पुरस्कार-समारोह में सम्मिलित होने योग्य हुए हैं। उसी अवसर के लिए उन की कविताओं का यह हिन्दी-अनुवाद ज्ञानपीठ ने प्रस्तुत किया है। इस सम्बन्ध में दो-एक बातों और स्थितियों की ओर पाठकों का ध्यान आकर्षित करना आवश्यक लगता है।

यह अनुवाद और अनुवादकों की दृष्टि :

भारतीय ज्ञानपीठ के वार्षिक साहित्य-पुरस्कार के निर्णय की प्रक्रिया का एक अंग है—विचारणीय कृतियों के सम्पूर्ण या आंशिक अनुवादों का प्रबन्ध। इस प्रक्रिया में अन्य कई कृतियों के आंशिक अनुवादों का प्रबन्ध किया गया था। **स्मृति सत्ता भविष्यत** की कुछ कविताओं के अनुवाद डॉ. भारतभूषण अग्रवाल ने प्रस्तुत किये थे। अब इस संग्रह के प्रथम खण्ड में **स्मृति सत्ता भविष्यत** की जिन ४२ कविताओं का अनुवाद प्रकाशित हो रहा है, वह डॉ. भारत-भूषण अग्रवाल ने किया है। विष्णु दे के अन्य काव्य-संग्रहों से कुछ चुनी हुई कविताओं के अनुवाद भी प्रस्तुत कर देना हम ने उचित और उपयोगी समझा अतः इस प्रकाशन का शीर्षक दिया है—'स्मृति सत्ता भविष्यत् तथा अन्य श्रेष्ठ कविताएँ'। 'स्मृति सत्ता भविष्यत' से अभिप्राय मात्र उस शीर्षक वाली एक लम्बी कविता से नहीं है, अपितु उन सभी कविताओं से है जो इस शीर्षक वाले

संग्रह से चुनी गयी हैं। अन्य संग्रहों से चुनी गयी कविताएँ 'अन्य श्रेष्ठ कविताएँ' खण्ड में दी गयी हैं। इस प्रकार यह वर्तमान प्रकाशन दो खण्डों में है—एक ही जिल्द में। वास्तव में 'अन्य श्रेष्ठ कविताएँ' खण्ड में बहुत अधिक कविताएँ नियोजित थीं जिन की सूची हम ने श्रीमती प्रणति दे के परामर्श से तैयार की थी किन्तु उन सब के अनुवाद यदि नहीं दिये जा सके तो कई कारणों से। एक तो यह कि पुरस्कार-घोषणा के उपरान्त समारोह की तिथि जब तक घोषित होती है, समय बहुत कम हाथ में रहता है कि प्रामाणिक अनुवाद हो जाये और पुस्तक समारोह के दिन तक छप कर आ जाये, ताकि उस का प्रकाशनोद्घाटन समारोह के मंच से किया जा सके। दूसरे, कविता-संग्रहों के सम्बन्ध में विशेष रूप से यह दृष्टि रहती है कि मूल कविताएँ देवनागरी लिपि में अनुवाद के साथ-साथ दी जायें ताकि मूल का रसास्वाद अधिक से अधिक मात्रा में सुधी पाठकों को उपलब्ध हो, और लक्ष्य यह भी रहता है कि राष्ट्रभाषा हिन्दी की सामर्थ्य बढ़े, और भारत की सभी भाषाओं के लिए आदान-प्रदान के माध्यम की उसकी क्षमता प्रमाणित हो। देवनागरी लिप्यन्तरण देने से पुस्तक का आकार बढ़ता है, और उस का मूल्य भी; अतः पृष्ठ-संख्या सीमित रहे यह भावना पुस्तक के कलेवर को कम करती है।

लेकिन सब से बड़ी कठिनाई होती है अनुवाद के सम्बन्ध में। इस संग्रह के अनुवाद के विषय में कठिनाई और भी अधिक सामने आयी। प्रमुख कारण यह कि विष्णु दे की कविता न केवल आधुनिक भावबोध, जीवन-पद्धति, एवं परिवेश की उलझनों की संवाहिका है, बल्कि कवि के विशाल ज्ञान, अध्ययन और चिन्तन की परिधि में आये सभी प्राचीन-अर्वाचीन सन्दर्भों की सहज अवधारणा उन के काव्य में गुँथती चलती है और उसे अधिक संक्षिप्त और परिसंहत बनाती है। यही कारण है कि स्वयं बाङ्ला पाठकों को विष्णु दे की कविता एक ओर दुरूह लगती है, और दूसरी ओर उन की संस्कारशीलता को चुनौती दे कर उन की संवेदना की परिधि को विस्तृत करती है। ऐसी स्थिति में कवि की कविताओं का हिन्दी अनुवाद प्रस्तुत करने वाले रचनाकारों के सामने अभिव्यक्ति की और सम्प्रेषणीयता की समस्या उग्र हो जाती है। सन्दर्भ-विपुल, समास-युक्त, और परिसंहत कविता के अर्थ और अभिप्राय के प्रति आश्वस्त हो जाना अनुवादक की पहली समस्या है। दूसरी समस्या है उस अर्थ और अभिप्राय की मूल संवेदना को कवितानुगामी काव्यमय अनुवाद में प्रतिष्ठित करना। अनुवादक को काव्यरचना की प्रक्रिया का अनुभव होना आवश्यक है। वह स्वयं कवि हो तो मार्ग कुछ सरल हो जाता है। और, अनुवाद की भाषा पर

पूर्ण अधिकार होना तो अपरिहार्य है ही । 'स्मृति सत्ता भविष्यत' की कविताओं के अनुवाद के समर्थ अधिकारी डॉ. भारतभूषण अग्रवाल इस दृष्टि से हैं कि बाङ्ला भाषा और साहित्य से उन का परिचय पुराना है और घनिष्ठ है । बाङ्ला कृतियों के उन के द्वारा प्रस्तुत सुन्दर अनुवाद प्रकाशित हो चुके हैं । और वह स्वयं कवि हैं । डॉ. लोकनाथ भट्टाचार्य का साहचर्य साहित्य अकादमी में उन को निरन्तर उपलब्ध है । दोनों मित्रों ने दुरूह कविताओं के अर्थ की संगति बैठाने में (और इस प्रक्रिया में कविता के आनन्दलोक के सहयात्री होने का रोमांच अनुभव करने में) अनेक बैठकों का सुख प्राप्त किया है ।

'अन्य श्रेष्ठ कविताएँ' खण्ड की बहुत सी कविताओं का अनुवाद डॉ. इन्द्रनाथ चौधरी ने किया है जो बाङ्ला, हिन्दी और अँगरेज़ी साहित्य के अधीती विद्वान् हैं, दिल्ली विश्वविद्यालय में हिन्दी के प्राध्यापक हैं, बाङ्ला उन की मातृभाषा है, आकाशवाणी से हिन्दी के माध्यम से बाङ्ला भाषा की शिक्षा के लोकप्रिय वार्त्ताकार हैं । डॉ. चौधरी ने बहुत आड़े समय में अनुवाद का दायित्व स्वीकार किया और शक्ति भर उसे समय पर पूरा करने का प्रयत्न किया । त्वरा की इस स्थिति में उन की अनुवाद-प्रक्रिया यह रही कि पहले मूल कविता के भाव और ध्वनि को बाङ्ला और हिन्दी में समान रूप से प्रयुक्त होने वाले संस्कृतनिष्ठ शब्दों की तद्रूप अन्विति द्वारा सम-तोल पंक्तियों में उतारें, फिर हिन्दी की प्रकृति के अनुरूप उसे ढालें । इस दूसरे चरण में—अभिप्राय की अवधारणा, हिन्दी में शब्द-अन्विति, एवं सम्प्रेषणीयता की स्थिति को साधने के प्रयत्न में मुझे डॉ. चौधरी का सहयोगी होने का अवसर प्राप्त हुआ है । अनुवाद के दायित्व की कठिनाई का मैंने प्रति वर्ष सामना किया है, अतः मैं जानता हूँ कि जो सध गया और सार्थक हो गया, वह तो पाठक की दृष्टि को सरल लगेगा (अच्छे अनुवाद का गुण ही यह है कि पाठक पढ़ते हुए समझे कि अनुवादक को आयास ही नहीं करना पड़ा, जब कि अनुवादक जानता है कि इस के लिए उसे कितना श्रम करना पड़ता है, कितना समय देना होता है) लेकिन जहाँ कहीं भी अस्पष्टता रह गयी या भाव-बोध में पाठक को उस की अपनी धारणा के अनुसार विपर्यय लगा, या लय की झाँकी तक नहीं दी जा सकी, वहाँ ही अनुवादक दोष-भागी माना जायेगा । जब ऐसी स्थिति आये तो हमारा अनुरोध है कि पाठक मूल को ही सामने रखे और उसे प्रमाण माने ।

इधर विष्णु दे की कविताओं के जो अँगरेज़ी-अनुवाद प्रकाशित हुए हैं और उन में बहुत सी कविताओं का अनुवाद स्वयं विष्णु दे ने किया है, उन का अध्ययन अनुवाद की समस्याओं और कठिनाइयों को प्रत्यक्ष प्रस्तुत करता है ।

शब्दों के पर्यायवाची अर्थों से परे व्यंजना पर जब ज़ोर दिया जाता है, अर्थात् कविता को जब अनुवाद में कविता ही बनाने का प्रयत्न किया जाता है तब मूल की शब्दावलि काफ़ी कुछ छोड़नी पड़ जाती है। शीर्षक तक कुछ-के-कुछ हो जाते हैं। यह तो हिन्दी और बाङ्ला का सौभाग्य है कि वे संस्कृत से उत्पन्न सहजात बहिनें हैं अतः इन के बीच शब्दों का अवरोधी परदा अत्यन्त क्षीण है। भाव-बोध तो हमारे राष्ट्र की सभी भाषाओं में अपने इतिहास और समसामयिकता के समान परिवेश के कारण एक ही गूँज से अनुप्राणित है।

ज्ञानपीठ डॉ. भारतभूषण अग्रवाल, डॉ. इन्द्रनाथ चौधरी का आभारी तो है ही जिन्होंने अनुवाद प्रस्तुत किये, वह डॉ. लोकनाथ भट्टाचार्य, श्री अजित-कुमार, श्रीमती कुन्था जैन, श्री जगदीश और श्री जगत शंखधर के प्रति भी कृतज्ञ है कि दूसरे खण्ड के अनुवादों या अनुवादों के परिमार्जन में उन का सहयोग प्राप्त हुआ।

भारतीय ज्ञानपीठ गौरवान्वित है कि १९७१ का पुरस्कार श्री विष्णु दे को उन की कृति **स्मृति सत्ता भविष्यत** के लिए समर्पित करने का अवसर प्राप्त हुआ। इस पुस्तक के संयोजन में हमें श्रीमती प्रणति दे से जो सहयोग और सहायता प्राप्त हुई है उस के लिए हम उन के चिरऋणी हैं।

—*लक्ष्मीचन्द्र जैन*
सम्पादक-नियामक,
लोकोदय ग्रन्थमाला

दिल्ली,
गणतन्त्र दिवस ; २६ जनवरी, १९७३।

अनुक्रम

●

स्मृति सत्ता भविष्यत्

(अनुवाद : डॉ. भारतभूषण अग्रवाल)

उर्वशी ओ आर्टेमिस

(अनुवाद : डॉ. भारतभूषण अग्रवाल)

चोराबालि

(अनुवाद : डॉ. इन्द्रनाथ चौधरी)

पूर्वलेख

(अनुवाद : डॉ. इन्द्रनाथ चौधरी)

सात भाइ चम्पा

(अनुवाद : डॉ. इन्द्रनाथ चौधरी)

स्मृति सत्ता भविष्यत

अनुवादक
डॉ. भारतभूषण अग्रवाल

स्मृति सत्ता भविष्यत

तोमरा नवीन, ए उदास
विषाद कि तोमादेरओ चेना ?
स्मृति हाने आदि महीदास,
भूमिदास स्मृतिर यन्त्रणा
आमादेर चैतन्ये आकाश ।

तोमरा नवीन, आनागोना
कालान्तरे बाँधे कि चेतना ?
बिश–बाइशेर इतिहास
करेछे कि कालेर गणना
तोमादेर सद्य सुखे माना ?

तोमरा नवीन, जानाशोना
ताइ बुझि हयनि प्रवास ?
निजवास एकान्त अजाना,
आजन्मप्रवासी, ताइ नाना
स्वदेशीय स्मृतिइ विलास ?

दुनियार हाटे हाटे केना
आधोचेना प्रबल उच्छ्वास,
अनात्मीय नव्य प्रतिभास,
तबु जेनो, आमराइ चेना ।

हठात् उठेछे देख षोलोतला,
हयतो पनेरो हते पारे के जाने सतेरो,

स्मृति सत्ता भविष्यत

तुम लोग नये हो, यह उदास विषाद
क्या तुम्हारा भी परिचित है ?
आदि महीदास स्मृति से टकराते हैं,
भूमिदासों की स्मृति की यन्त्रणा
हमारे चैतन्य पर छाया आकाश है ।

तुम लोग नये हो, कालान्तर में
आते-जाते क्या चेतना बाँध लेती है !
बीस-बाईस वर्षों के इतिहास ने
क्या काल की गिनती की है ?
तुम्हारे नये सुख में बाधा दी है ?

तुम लोग नये हो, शायद इसी लिए
प्रवास से जान-पहचान नहीं हुई ?
अपने घर से नितान्त अनजान तुम
आजन्म प्रवासी हो, इसी लिए स्वदेश की
नाना स्मृतियाँ ही तुम्हारा विलास हैं ?

दुनिया की हाटों में ख़रीदा हुआ
अर्द्ध-परिचित प्रबल उच्छ्वास,
अनात्मीय नव्य प्रतिभास–
फिर भी जान लो, हमीं तुम्हारे परिचित हैं ।

वह देखो, अचानक सोलह मंज़िली इमारत खड़ी हो गयी है,
शायद पन्द्रह मंज़िलें हों या क्या पता सत्रह,

आकाशके माटिके तामासा,
जिराफ़ तुलेछे येन गला किंवा एक टिरानोसरास,
आशेपाशे जलहस्ती, कुमीर, गोखुरा, हायेना, शेयाल,
पेतेछे दप्तर गदी गमस्ता फरास खासा,
बेखाप्पा बेयाड़ा विश्री,
कलकातार कपालेर गेरो ।

एइदिके नकल गथिक ऐदिके करिन्थी आयन डोरीय
के'लसनेर इंरेजी खेयाल ।
तबुओ याहोक् कालेर पलिते आहाम्मक साहेबी सखेर गाये
पड़ेछिल अभ्यासेर किछुटा प्रसाद,
बाङालेर हाइकोर्ट, गाँओयारेर जादुघर
एमनकि लाटनी-प्रासाद एसेछिल चोखे सये,
एवं चोराइ साम्राज्येर देशज रास्ताय
अलिते गलिते आजगबि घिनजिर बाहारे
जमेछिल नयन ना होक किछु मनोहर
आलालेर दुलालेर हुतोमेर बुड़ो बुड़ो शालिकेर काटाराय
पक्षीबाबुदेर कायदाय केताय सच्छलता असच्छलताय ।

सरु फालि कलकातार जोलो माटि दियेछिल तबु किछु रस, किछु रौद्र
शचीशके विनयके, तबु गोरा आरो बहु स्वदेशी छेलेरा
कलकाताके चिनेछिल, सुस्थ हते चेयेछिल सम्पूर्ण स्ववश ।

आज शुधु एकदिके मुमूर्षु विकार
आर अन्यदिके नाटुके प्रलाप निर्बोध निष्ठुर अमानुषिक अभद्र ।
के देबे धिक्कार काके आठारो तलाय
सारादेशे चतुर्दिके यत अवान्तर
उन्माद विलासी खेला !
रौद्र हानो, बान दाओ, हे सूर्य, हे चैतन्यआकाश
एइ नित्य अपघात दूर करो,

धरती आसमान का तमाशा,
मानो जिराफ़ ने या किसी महाकाय सरीसृप ने गर्दन उठा ली हो
और चारों ओर जल हाथी, घड़ियाल, साँप, लकड़बग्घे, गीदड़
दफ़्तर गद्दी गुमाश्ते बढ़िया फ़र्श बिछा कर जमे हैं,
बेढंगे, बेतरतीब, बदसूरत,
कलकत्ते के माथे पर कलंक ।

इधर नक़ली गॉथिक उधर कोरिन्थियाई, आयोनाई, डोरियाई इमारतें
के'लसन का विलायती ख़ब्त ।
पर कुछ भी हो, काल की उर्वर मिट्टी में अहमक़ साहबी शौक़ के सहारे
अभ्यास का थोड़ा सा प्रसाद ज़रूर पड़ा था,
बंगाले का हाई कोर्ट, गँवारों का अजायबघर
यहाँ तक कि लाटसाब का महल भी आँखों को आदत बन गया था,
और चोरी के साम्राज्य की देशज सड़कों पर
अलियों-गलियों में घिचपिच गन्दी बस्तियों की रौनक़ में
चाहे मनोहर कुछ न हो पर आँखें टिक गयी थीं
निकम्मे घर के लाड़ले उल्लुओं की, बूढ़े-बूढ़े शालिकों के झुण्डों की,
पक्षी बाबुओं के क़ानून-क़ायदों के ढंग पर, ख़ुशहाली और तंगी में ।

कलकत्ते की सँकरी नीची धरती ने फिर भी शचीश को विनय को थोड़ा-सा
रस दिया था, थोड़ी-सी धूप दी थी । फिर भी गोरा ने और अन्यान्य
स्वदेशी लड़कों ने
कलकत्ते को पहचाना था, स्वस्थ और सम्पूर्ण स्वाधीन होना चाहा था ।

आज तो बस एक तरफ़ है अधमरों का विकार
और दूसरी तरफ़ है स्वाँग भरा प्रलाप, निर्बोध निष्ठुर अमानुषिक अभद्र ।
कौन किसे धिक्कारे अठारहों मंज़िलों पर ?
जब देश भर में चारों ओर निहायत फ़िज़ूल का
उन्माद और विलास से भरा खेल चल रहा हो !
धूप की चोट करो, बाढ़ भेजो, हे सूर्य, हे चैतन्य आकाश
यह रोज़-रोज़ का अपघात दूर करो,

एर चेये दग्धदिने एने दाओ सालानपुरेर युगान्तेर भुशण्डी प्रान्तर ।

प्राण खुले ये घृणा करब एमन देखि उपाय नेइ,
प्राणेर पाड़ाय नेइ तो तार ठाँइ,
चोरागलिते घोरे यखन तखन बुझि देखि ताकेइ,
घरे किंवा सभाय से नय चाँइ।
शहरवने हठात् यबे देखि से अमानुषिक चोख
मानते हबे चमके उठि भये,
ताइ बले ये घृणा करब एमन आमार साध्ये नेइ,
हार कोथाय वन्य पराजये ?
जन्तुइ तो जन्तुटा सेइ, यतइ तार होक् ना रोख्,
मनेर विश्वे कोथाय तार ठाँइ ?
मृत्यु तार नखरे बटे अर्थहीनताय असह,
आकस्मिक, जयओ ताइ चाइ ।
जयेर छबि ताइ तो मने, जयेर गान ताइ तो रटे,
घोचाते चाइ आकस्मिकेर पाप ।
ताइ बले कि करब घृणा समाने समान बिना ?
पायेर पाशे घुरते पारे साप,
आशेपाशे चौकाठे वा घरेर कोणेओ बिछा वा जोंक,
प्राणेर लोके नाइ थाकुक बासा,
एटाओ ठिक ये साप माड़ाले घृणाय शरीर रीरी करे,
पड़ते पारे जुतार चरम चाप,
ताइ बले कि बिछाटाकेइ वसते देब घृणार आसन,
जोंकके शेषे डाकब सभाघरे ?
घृणार पाता हाओयाय झरे, घृणार माटि प्रखर भालबासा
सेइ शिकड़े जीवन बाँधि, ताइ—
मानुष तो छार, सिंहओ नय, मानब काके, शिरदाँड़ा नेइ,
देब ना ओके घृणारओ अभिशाप ।

इस से तो अच्छा है, इस दग्ध दिन में सालानपुर के युगान्त का श्मशान
भेज दो !

जी खोल कर उस से घृणा करें इस का कोई उपाय नहीं दीखता,
प्राणों के मोहल्ले में उस की कोई जगह नहीं है,
जब वह चोरगलियों में घूमता है तभी शायद वह दिखाई पड़ता है,
घर या सभा का वह मुखिया नहीं है ।
शहरी जंगल में जब वे हैवानी आँखें दिखती हैं
तब यह ठीक है मैं डर से चौंक उठता हूँ
पर इसी कारण मैं उस से घृणा करूँ मुझ में इतना दम नहीं,
वन्य पराजय में हार कहाँ है ?
जानवर तो आख़िर जानवर ठहरा, उस में कितना ही ज़ोर क्यों न हो,
मन की दुनिया में उस की जगह कहाँ है ?
उस के नाख़ूनों में मौत ज़रूर है, अर्थहीनता में असह्य
और आकस्मिक, इसी लिए तो हम जय चाहते हैं ।
इसी लिए तो मन में जय की तस्वीर है, इसी लिए तो जय का गीत
गूँजता है,
हम आकस्मिक का पाप मिटा देना चाहते हैं ।
पर क्या इसी लिए हम उस से घृणा करें, बराबरी के बिना ही ?
पैरों के पास साँप घूमता हो सकता है,
आसपास चौखट पर या कमरे के कोने में भी हो सकता है बिच्छू हों या जोंक,
प्राणों के लोक में चाहे उन की जगह न हो,
यह भी ठीक है कि साँप को मारने पर घृणा से शरीर हहर उठता है,
जूते का भरपूर दबाव भी डाला जा सकता है,
पर क्या इसी लिए बिच्छू को बैठने के लिए घृणा का आसन दें,
जोंक को आख़िरकार सभा-भवन में बुला लें ?
घृणा के पत्ते तो हवा में झर जाते हैं, पर घृणा की मिट्टी है प्रखर प्यार
वही तो मूल है जिस से हम जीवन रोपते हैं, इसी लिए–
जो आदमी तो दूर, शेर भी नहीं, हम उसे क्यों मानें जिस के रीढ़ की
हड्डी भी नहीं,
उसे हम घृणा का भी अभिशाप नहीं देंगे ।

ए नरके
मने हय आशा नेइ जीवनेर भाषा नेइ,
येखाने रयेछि आज से कोनो ग्रामओ नय, शहरओ तो नय,
प्रान्तर पाहाड़ नय, नदी नय, दुःस्वप्न केवल,
सेखाने मजुर नेइ, चाषा नेइ,
येखाने रयेछि आज मने हय आशा नेइ,
बाँचबार आशा नेइ, बाँचाबार भाषा नेइ,
सेखाने मड़क अविरत
सेखाने कान्नार सुर एकघेये निर्जला आकाले
मरमे पशे ना आर, सेखाने कान्नाइ मृत
कारण कारोइ कोनो आशा नेइ
अथवा ता एत कम, ये कोनो निराशा नेइ।
चैतन्ये मड़क।

एखाने अभाव मृत्यु अनाहार अपघात सकाल-विकाल
मासे मासे मारीर चड़क,
एखाने अरण्य नेइ, हिंस्र पशु नेइ, नेइ आदिम मानुष,
वानप्रस्थवासी उदासी संन्यासी नेइ,
एखाने सभ्यता नेइ, हृदय शुकानो दीघि,
बुद्धि मजा खाल, चोख-कान सब बोध चोराइमालेर चेये बासि,
एखाने हयतो नेइ आपामर कोनोइ नरक।
केउ वा हिन्दिर हन्ये, केउ इंरेजिर हाङर,
नाना अवान्तर नाना शिकारीशिकार
अथच सबटा गौण अचेतन बा अर्धचेतन,
नरकेरओ व्यङ्गचित्र, मृत्युरओ विकार।

नरकेर दाह दाओ नरकेर आत्मग्लानि हे यम जीवन
अश्रु दाओ प्रासादे प्रासादे बसतिते मज्जाय मज्जाय अवसादे
यन्त्रणार वाणी दाओ मर्मे दाओ सजल शिकड़ फुले फले शाखाय पल्लवे
रूपान्तरे प्राण दाओ अभ्यस्तेर तिक्तेर क्षुब्धेर

इस नरक में
लगता है, आशा नहीं है, जीवन की भाषा नहीं है
हम आज जहाँ पर हैं वह कोई गाँव भी नहीं है, शहर भी तो नहीं,
न प्रान्तर है न पहाड़, न नदी, केवल दुःस्वप्न है,
वहाँ न मजूर हैं, न किसान,
हम आज जहाँ हैं वहाँ लगता है आशा नहीं है,
जीने की आशा नहीं है, जिलाने की भाषा नहीं है,
वहाँ लगातार महामारी है
वहाँ निर्जल अकाल में रोने की लगातार आवाज़
अब मर्म में नहीं पैठती, वहाँ क्रन्दन भी मृत है
क्योंकि किसी को भी कोई आशा नहीं है
या फिर वह इतनी कम है कि कोई निराशा भी नहीं है।
चैतन्य की महामारी

यहाँ साँझ-सबेरे अभाव मृत्यु अनाहार अपघात लगे रहते हैं
महीने पर महीने महामारी का चक्कर,
यहाँ न जंगल है, न हिंस्र पशु, न आदिम मनुष्य,
न वानप्रस्थवासी उदासी संन्यासी,
यहाँ सभ्यता नहीं है, हृदय सूखा पोखर है,
बुद्धि सड़ी नाली है, आँख-कान के बोध सब मानो चोरी के माल से भी
बासी हैं,
यहाँ शायद कोई सर्वग्रासी नरक भी नहीं है।
कोई अगर हिन्दी का बौराया कुत्ता है तो कोई अँगरेज़ी का घड़ियाल,
तरह-तरह के फ़ालतू, तरह-तरह के शिकारी शिकार
फिर भी सब के सब गौण अचेतन या अर्धचेतन,
नरक के भी कार्टून, मृत्यु के भी विकार।

नरक का दाह दो नरक की आत्मग्लानि दो हे यमरूपी जीवन
आँसू दो बस्ती के घर-घर में, अवसाद भरी हड्डी-हड्डी में
मर्म में यन्त्रणा की वाणी दो, फूल में फल में शाखों में पत्तों में गीली
जड़ दो,
अभ्यस्त तिक्त क्षुब्ध के रूपान्तर में प्राण भरो,

चैतन्येर क्षुरधार क्षिप्र प्रतिवादे स्पष्टवाक्
जीवनमृत्युर एइ गोधुलि स्वच्छता पाक
वैशाखी रौद्रेर आर कालवैशाखीर आन्दोलित रवे ।

राजार मेये आज आपिसे खाटे
राजार छेले खोंजे काज,
भालोइ जाने तारा राज्यपाटे
किछुइ नय तारा आज ।
तबुओ वयसेर ऊषार संकटे
छेलेटि भावे धापे ब'से,
मेयेटि सत्यिइ राजार मेये बटे
राजार छेले नय तो से ।
पार्के बेञ्चिते अथवा पथे शाने
दूजने बले प्रायइ कथा,
बहुरइ भाग्ये या वर्तमाने
तादेरइ वेला अन्यथा ।
ताइ तो माझे माझे राजार छेले
मिछिल करे कलरवे ।
राजार मेये ताइ हृदय देय मेले
धर्मघटे गौरवे ।
एरा ये भालोवासे, ताइ तो घृणाते
आगुने ज्वाले देहमन ।
एदेर अभावेर अग्निवीणाते
जीवन पेल यौवन ।

क्लान्तिते किसेर भय ?
क्लान्त हब दिनेर किनारे,
कलघरेर काज सेरे तुरपुन रचाँदार किंवा ताँतेर
मिहि, मोटा हातेर सन्तोष
सम्पूर्ण दिनेर क्लान्ति ।
ध्यान आर वास्तवेर खेयापारापारे
सम्मिलित एक दले

क्षिप्र प्रतिवाद में स्पष्ट वचन के चैतन्य की तीखी धार को
वैशाख की तपती धूप और झपटते अन्धड़ के शोर में
जीवन-मृत्यु की गोधूलि की निर्मलता प्राप्त हो।

राजा की बेटी आज दफ़्तर में जुटी है
राजा का बेटा काम की तलाश में है,
वे ख़ूब जानते हैं कि आज के राजपाट में
वे कुछ भी नहीं हैं।
फिर भी वयस की उषा के संकट में
लड़का सीढ़ियों पर बैठा सोचता है,
लड़की तो सचमुच राजा की बेटी है
पर वह तो राजा का बेटा नहीं है।
पार्क की बेंच पर या फ़ुटपाथ पर
दोनों अक्सर बातें करते हैं,
बहुतों के भाग्य आज खुले हैं
बस उन्हीं के लिए उलटा है।
इसी लिए तो बीच-बीच में राजा का बेटा
जुलूस निकाल कर शोर मचाता है।
राजा की बेटी इसी लिए तो जी खोल कर
हड़ताल का गौरव ग्रहण करती है।
वे प्यार करते हैं, इसी लिए तो घृणा से
तन-मन में आग लग जाती है।
उन के अभाव की अग्निवीणा से
यौवन को जीवन मिला है।

थकान में क्या डर है ?
दिन ढलने पर हम थक जायेंगे
कारखाने में ड्रिल, रन्दा या तकुए पर काम ख़त्म कर के
पतले, मोटे हाथों का सन्तोष
परिपूर्ण दिन की थकान।
ध्यान और वास्तव के बीच नाव चलाते इस पार-उस पार
किसी दल में सम्मिलित हो कर

आदिगन्त माठे ट्राकटरेर दीर्घ अभिसारे
माटिर येमन क्लान्ति आसन्न फसले
सेइ क्लान्ति आमादेर आकांक्षित महाशय !
तारपरे सूर्येर आत्मीय येन सूर्येर मतन फेरा घरे ।
बाँधेर पथेर बाँये, हासपाताल डानपाशे छाड़िये,
मासे मासे भिन्न भिन्न झरा फुल झरा पाता आलतो माड़िये,
पाहाड़ेर मुखोमुखि दिनेर किनारे,
पाखिर संगीते परितृप्त क्लान्तिभरे ये यार संसारे,
केउ गान केउ अन्य आमोदप्रमोदे,
बिजलि आलोय पाठे किंवा शुधु स्निग्ध अवसरे ।
हयतो वा बारान्दाय बसे किंवा शुये, खाटे, तक्तापोशे
चाँदेर विकाश देखा दिकचक्रवाल थेके आकाशेर बुके,
केमन कास्तेर चाँद अमावस्या पूर्णिमाय पंचदशी प्राकृत कौतुके ।
क्लान्तिते किसेर भय ? महाशय एइ क्लान्ति नय,
भवघुरे समाजेर बेकसुर ग्रामशहरेर क्लान्ति बड़ो क्लान्तिकर;
ज्ञाने ओ वास्तवे एक विन्यस्त जीवने कर्मे क्लान्ति नेइ,
आमरा सबाइ ओरे भाई

चाइ सेइ क्लान्त अवसर ।

रवीन्द्रनाथेर गल्प सबाइ जानेन :
सकलइ प्रस्तुत, मेरापबाँधानो उठान प्राङ्गण,
भियेने आगुन ज्वले, देउड़िते सानाइ
वातास भरपुर करे विश्वव्याप्त शुद्ध सुरे सुरे,
भाँड़ारे बोझाइ भोज्य, नाना साज-आयोजने
अन्दरेर घरभरा, यौतुक विस्तर,
आत्मीया पड़शी सब मुखर अस्थिर,
बहु शिशु खेले घोरे, निश्चय पात्रीर ओ बुक दुरु दुरु
आवेगे आग्रहे, विवाहेर सकलइ प्रस्तुत ।
एमनकि वरयात्री एसे गेछे, सभाय जमाट,
शाँख प्राय बाजे बाजे, हुलुध्वनि
एयोदेर पानराङा मुखे मुखे समुद्यत,
शुधु वर नेइ-—

दिगन्त तक फैले खेत में ट्रैक्टर के दीर्घ अभिसार से
मिट्टी की जो थकान आसन्न फ़सल में फलती है
हम वैसी ही थकान चाहते हैं, श्रीमान् !
फिर उस के बाद सूर्य के सँगाती के रूप में सूरज की तरह घर को वापसी।
बाँध वाली सड़क के बायें से, अस्पताल के दायें रास्ते के पार,
हर महीने भाँति-भाँति के झरे फूलों झरे पत्तों को रौंदते हुए
दिन ढले पहाड़ के आमने-सामने से
चिड़ियों के संगीत से परितृप्त थकान में भर कर अपनी-अपनी गृहस्थी की ओर,
कोई गाने में कोई और आमोद-प्रमोद में,
बिजली की बत्ती की पढ़ाई में या सिर्फ़ स्निग्ध अवकाश में रम जाने के लिए।
या शायद बरामदे में बैठ कर या लेट कर, खाट पर, तख्तपोश पर
दिशा-जाल से आकाश के सीने पर चाँद का विकास देखते रहना,
किस तरह हर पखवारे प्रकृति के कौतुक से हँसिये सा चाँद अमावस्या या
पूर्णिमा में ढलता है।
थकान में क्या डर है ? श्रीमान् यह वह थकान थोड़े ही है,
आवारा समाज के बेक़ुसूर ग्रामशहरों की थकान बड़ी थकन भरी होती है;
ज्ञान और वास्तव में एक-से विन्यस्त जीवन के कर्म में थकान नहीं होती, भैया
हम सभी वैसा थकान भरा अवकाश चाहतें हैं।

सभी जानते हैं रवीन्द्रनाथ की वह कहानी :
सारी तैयारियाँ हो चुकी हैं, आँगन में मेहराबदार मण्डप तन गया है,
भट्टी चेत रही है, ड्योढ़ी पर की शहनाई
शुद्ध स्वरों से हवा में तैरती सर्वत्र व्याप्त है,
भण्डार में पकवान चिने हैं, तरह-तरह के सरंजाम से
भीतर का कोठा भर गया है, दहेज़ का अम्बार लगा है,
पड़ोसिन सहेलियाँ उत्कण्ठा से शोर कर रही हैं,
बच्चे मस्त खेल रहे हैं, निस्सन्देह कन्या की छाती भी
आग्रह और आवेग से धक-धक कर रही है, शादी के लिए सभी कुछ तैयार हैं।
यहाँ तक कि बाराती भी आ पहुँचे हैं, भीड़ लग गयी है,
शंख बजने ही वाला है, सुहागिनों के पान रचे ओठों से
गीत-लहरी उठने ही वाली है,
सिर्फ़ वर नहीं है—

रवीन्द्रनाथेर गल्प, आश्चर्य रूपक दिये एँकेछेन कवि
आमादेर सकलेर जीवनेर छवि,
मर्मभेदी भीषण अद्भुत—
विवाहेर सकलइ प्रस्तुत,
एमनकि वरयात्री एसे गेछे, शुधु वर नेइ—
किंवा हयतो वा ओरा वरयात्री नय, सब वरयात्री नय,
ओइ भिड़े आछे चोर, जुयाचोर, गण्यमान्य अथवा नगण्य,
भिखारीओ नानान् रकम, केउ बाबु, केउवा साहेब,
आत्मार दुयारे, मनेर रास्ताय
समाजेर आस्ताकुँड़-साफाइ करिते सत्तार भिखारी,
दुस्थ, तबे बस्तीवासी नय, गदीयान आड़ते दप्तरे,
देहे मने प्राणे दुस्थ, हयतोबा अर्थे नय, क्षमताय नय—
वरयात्री नानान् रकम, शुधु वर नेइ।

वर खुँजे फेरे सत्ता आत्मपरिचय
माठे गञ्जे शहरे बन्दरे खोंजे से आपन सत्ता, सनाक्तिकरण
दशेर दर्शने, समाजेर आतशी फलने
पाय ना आपन सत्ता, या शुधु फुलेर मतो
फुटे ओठे रौद्रजले छायाय माटिते
शिकड़ेर शाखार पातार प्राकृतिक अर्केष्ट्राय,
सत्ता यार निहित माटिते रौद्रजले शिकड़े शाखाय,
एमनकि फुलदानिते साजानो ह'लेओ।
ताइ आज आमादेर सत्ता नेइ, घरे सङ्घे बैठके वा चाखानाय,
फुलदानिर मनने-ओ हाजार चेष्टाय।

ए उपमा बहुमुख, स्तरे स्तरे प्रयोगे सरल
व्यक्तिते, समाजे, देशे।
देश, भाबो, सुजला सुफला एइ मलयशीतला माता देश,
छिन्नभिन्न, अथच प्राचीन परिचये सत्तार चैतन्ये धनी
प्रज्ञाय संहत स्मृतिर शिकड़े धन्य कालेर बागाने।
अथच विच्छिन्न छारखार, हाजार दागाय आहत विकल

यह रवीन्द्रनाथ की कहानी है, कवि ने ग़ज़ब के रूपक से
हम सभी के जीवन की तस्वीर आँक दी है,
मर्मभेदी और बड़ी अद्भुत—
शादी की सब तैयारियाँ हो चुकी हैं,
यहाँ तक कि बाराती भी आ पहुँचे हैं, सिर्फ़ वर नहीं है-
या शायद वे बाराती न हों, सब के सब बाराती न हों,
उस भीड़ में चोर हैं, जुआचोर हैं, नामी-गिरामी या नगण्य,
तरह-तरह के भिखारी भी हैं, कोई बाबू तो कोई साहब,
आत्मा के द्वार पर, मन की सड़क पर
समाज के घूरे की सफ़ाई-लौरी पर चढ़े सत्ता के भिखारी,
बीमार, फिर भी गन्दी बस्तियों के वासी नहीं, आढ़त में दफ़्तर में गद्दियों पर डटे,
तन-मन-प्राण से बीमार, पर शायद धन या क्षमता से नहीं—
तरह-तरह के बाराती हैं, सिर्फ़ वर नहीं है।

वर सत्ता खोजता फिर रहा है, अपना आत्म-परिचय
खेतों में, गंजों में, बन्दरगाहों में वह अपनी सत्ता खोजता है, अपनी शनाख़्त
पाँच जनों के दर्शन में, समाज के आतशी प्रतिबिम्ब में,
उसे अपनी सत्ता नहीं मिलती, जो बस फूल की तरह
धूप-वर्षा-छाया में मिट्टी से
जड़ों शाखों पत्तों के प्राकृतिक आर्केस्ट्रा में फूट उठती है,
उस फूल की तरह जिस की सत्ता मिट्टी में धूप-वर्षा में जड़ों-शाखों में निहित है,
यहाँ तक कि फूलदान में सजे होने पर भी।
तभी तो आज हमारी सत्ता नहीं है, घर में या सभा में, बैठक में या चायख़ाने में,
फूलदान की बौद्धिकता में भी नहीं, लाख कोशिशों के बावजूद।

यह उपमा बहुमुखी है, अनेक स्तरों पर इस का प्रयोग सरल है
व्यक्ति के लिए, समाज के लिए, देश के लिए।
देश, सोचो तो, सुजला सुफला यह मलय-शीतला माँ, यह देश
छिन्न-भिन्न, फिर भी प्राचीन परिचय में सत्ता के चैतन्य का धनी
प्रज्ञा में संहत, स्मृति के मूल से धन्य, काल के बग़ीचे में।
पर फिर भी विच्छिन्न, चकनाचूर, हज़ारों दाग़ों से घायल, विकल

येन वा देहेर सब आछे, शुधु स्नायु स्नायुकोष
अभुक्त, असुस्थ, काटा, पङ्गु शतशत स्नायु स्नायुकोष,
ताइ आमादेर मने, वास्तवजीवने कबन्धेर छड़ाछड़ि,
बाँग्लाय हाजार रूपेर हाजाक्षर राक्षस, बहु छल मतार हरेक कौशल ।
ताइ आत्मपरिचय नेइ, व्यक्ति नेइ सत्ता नेइ,
लालनीलकमलेर देशे आज वर नेइ,
विधवार देशे अरक्षणीयार सुन्दरीर वर नेइ, सत्ता नेइ,

ये सत्तार स्वप्न देखे मानवसभ्यता चिरकाल
आदिम गोष्ठीर युग थेके साम्राज्य अवधि ।
एरइ व्यथा एने देय मिथ्या लोभ, भुल आत्मअभिमान,
असामान्य क्षमतार पाये, येमन साम्राज्यमरिया जार्मानि
रिल्केर निःसंग युगे करेछिल नात्सिदेर दुःस्वप्नेर पाये,
सेइ सब लोक यारा यन्त्रणाय लिखेछिल दुर्जय सुन्दर सिमफनि कोआर्टेट
यन्त्रणावधिर कत बेठोफेन,
उन्माद वरण करे नियेछिल कत ना नीट्शे कत होयलडेरलिन
कत शत बाखनारेर आर्त नाट्यनादे

एरइ लोभे सेकालेर इतिहासे देखा याय बिलाते गड़ेछे
विश्वव्यापी साम्राज्येर कल्पतरु छायार एकता,
कल्पतरु आज शुकनो, ताइ इंग्लैण्डेर उत्तरे पश्चिमे स्वायत्तशासन चाय,
ताइ अनेकेरइ मने हय जनन मैथुन मृत्यु एइ तिने इंग्लण्डेओ शान्ति नेइ,
भाबे तारा हरिजन, उद्वास्तु वा निर्वासित, दाय नेइ दायित्वओ नेइ ।
अन्यपक्षे, आज ताइ देखा याय सत्तार समस्या,
संहतिर सीमित सत्येर, साम्येर सख्येर महादेशे
एदेशे ओदेशे, देशेर दशेर मध्ये व्यक्ति मुकुले ।

आमरा सम्राट नइ, बिलातेर बनेदी दुर्गति

मानो देह में सब कुछ तो हो, सिर्फ़ स्नायु और स्नायु कोष
अभुक्त, अस्वस्थ, कटे हों, शत-शत स्नायु-स्नायु कोष निकम्मे हों,
तभी तो हमारे मन में, यथार्थ जीवन में कबन्ध बिखरे पड़े हैं,
बंगाल में हज़ारों तरह के हज़ारों राक्षस, तरह-तरह की छल-क्षमता के
कौशल वाले।

तभी तो आत्मपरिचय नहीं है, व्यक्ति नहीं है सत्ता नहीं है,
लाल-नीले कमलों के देश में आज वर नहीं है,
विधवा के देश में चढ़ती उमर की सुन्दरी के लिए वर नहीं है, सत्ता नहीं है,

जिस सत्ता का स्वप्न मानव-सभ्यता चिरकाल देखती आयी है
आदिम क़बीलों के युग से साम्राज्यों के युग तक।
उसी की व्यथा असामान्य क्षमता के चरणों में ला कर डाल देती है
मिथ्या लोभ, ग़लत आत्माभिमान, जिस तरह साम्राज्यलोलुप जर्मनी ने
रिल्के के निःसंग युग में नाज़ियों के दुःस्वप्न के चरणों में चढ़ा दिये थे
वे लोग जिन्होंने अपनी यन्त्रणा से दुर्जय सुन्दर सिम्फ़नी क्वार्टेट लिखे थे,
न जाने कितने यन्त्रणा-वधिर बेठोफ़ेन,
सैकड़ों वाखनरों के आर्त नाट्यनाद से
न जाने कितने नीत्शे कितने होयलडेरलिन उन्मत्त हो गये थे।

उन दिनों के इतिहास में दिखाई देता है कि इसी के लोभ में आ कर विलायत में
विश्वव्यापी साम्राज्य के कल्पतरु की छाया की एकता निर्मित हुई थी।
कल्पतरु आज सूख गया है, तभी तो इंगलैण्ड के उत्तर में पश्चिम में
स्वायत्त शासन की माँग है,
तभी तो बहुतों को लगता है कि जनन मैथुन मृत्यु इन तीनों के बावजूद
इंगलैण्ड में भी शान्ति नहीं है,
वे सोचते हैं वे हरिजन हैं, स्थापित या विस्थापित, न तो उन का दाय है
न दायित्व।
दूसरी ओर, इसी लिए आज दिखाई देती है सत्ता की समस्या,
सामूहिकता के सीमित सत्य के, साम्य के सख्य के महादेश में,
इस देश में, उस देश में, देश-देश के व्यक्ति के मुकुल में।

हम सम्राट् नहीं हैं, विलायत की अभिजात दुर्गति

स्वप्नेओ कपाले नेइ, एमन कि फरासीस् मान्दारिन-मन्य सुख
निर्दिष्ट या मोटामुटि एक शय्या थेके अन्य शय्यार विलासे
आलजीरीय अवसादे अस्तित्वरे काकविष्ठा खोंजा,
ताओ नितान्त असार एइ पापपुण्यहीन देशे
दग्ध दिने विषण्ण रात्रिते ।

आमरा नरके आछि, अथच से ज्ञान नेइ मने
ताइ विवाहसभाय प्रच्छन्न नरके आज वर नेइ,
अथच राजार मेये एवं राजार छेले नरकेर देउड़िते
रास्ताय प्रस्तुत आछे स्वागतेर प्रतीक्षाय,
शुधु स्वभावे प्रतिष्ठा चाय प्रतिवादे
प्राण मान चाय वराभय, ताराइ ये वरकने ॥

स्वप्न में भी हमारे भाग्य में नहीं, यही नहीं, फ़्रांस के मान्दारिनों का सा
सुख भी
जो मोटे तौर पर एक सेज से दूसरी सेज तक के विलास में सीमित है,
अल्जीरियाई अवसाद में अस्तित्व की बीट की खोज,
सो भी नितान्त असार इस पाप-पुण्य-हीन देश के
जलते दिनों बुझी रातों में—वह भी हमारे भाग्य में नहीं ।

हम नरक में हैं, यद्यपि हमारे मन में इस की चेतना नहीं है
तभी तो विवाह मण्डली के प्रच्छन्न नरक में आज वर नहीं है,
फिर भी राजा की बेटी और राजा का बेटा नरक की ड्योढ़ी पर
रास्ते में तैयार खड़े हैं अपने स्वागत की प्रतीक्षा में,
सिर्फ़ स्वभाव के कारण वे प्रतिष्ठा चाहते हैं, प्रतिवाद में,
प्राण चाहते हैं, मान चाहते हैं, अभयवर चाहते हैं, वे ही तो वर-वधू हैं ॥

वृथा स्मृतिर पाहारा

वृथा स्मृतिर पाहारा,
वृथा द्वार बाँधि, यदि एकबार जानलाटा खुलि
दिनरात्रि पलातक अन्धकार कालेर पाहाड़े ।

यौवनेर निःसङ्गता आज बाजे वृद्ध हाड़े हाड़े,
हृदयेर चेरापुञ्जि नव्यन्याये वर्धिष्णु साहारा ।

आमि ये एकान्त शून्ये, कबे छिले स्वदेशे ता भुलि ।

तबु यदि आसो, देखि बाड़े सेइ वकुलेर चारा;
तोमारइ बागान करि, यदि आसो, नित्य फुल तुलि ।

अस्ते याय सूर्य, आसे प्रतिदिन आकाशे गोधुलि,
विवाहेर रङे राङा कपाले एकटि लाल तारा ॥

३१।८।५६

व्यर्थ है स्मृति का पहरा

व्यर्थ है स्मृति का पहरा,
व्यर्थ ही द्वार बन्द करता हूँ, अगर एक बार खिड़की खोल दूँ
तो दिनरात भाग जायँ अँधेरे काल के पहाड़ पर।

यौवन की निःसंगता आज बुड्ढी हड्डियों में टीसती है,
हृदय का चेरापूँजी नये तर्क से विस्तृत सहारा बन गया है।

मैं तो एकान्त शून्य में हूँ, तुम स्वदेश में कब थीं यह भी याद नहीं।

फिर भी अगर तुम आयीं तो बकुल का यही पौधा बढ़ता देखूँगा;
अगर आयीं तो तुम्हारे ही बाग़ की टहल करूँगा, रोज़ फूल चुनूँगा।

सूर्य अस्त होता है, प्रतिदिन आकाश में गोधूलि आती है,
उस के माथे पर विवाह के रंग में रँगा एक लाल तारा दमक उठता है॥

३१।८।५६

से कबे

से कबे गेयेछि आमि तोमार कीर्तने
कृतार्थ दोहार ।
पदावली धुये गेछे अनेक श्रावणे;
स्मृति आछे तार ।

रौद्रे-जले सेइ-स्मृति मरे ना, आयु ये
दुरन्त लोहार ।
शुधु लेगे आछे मने व्यथार स्नायुते
मर्‌चेर बाहार ॥

१९५६

न जाने कब

न जाने कब मैं ने गाये थे तुम्हारे कीर्तन में
कृतार्थ दोहे।
अनगिनत सावनों में वह पदावली धुल चुकी है,
उस की याद बची है।

धूप-पानी से वह याद मरती नहीं, उम्र आखिर
कठिन लोहे की ठहरी।
सिर्फ़ मन के भीतर दर्द की रगों में छायी है
मोरचे की बहार ॥

कोणार्क देउले

एखाने शून्येर भार येन महाक्षये
आसमुद्र अन्धकार आविश्व हृदये
सत्ताकेइ चेपे धरे वर्णहीन ग्लानि
बुझि मानविक वाणी बुक चेपे मरे।

एखाने सकलइ शून्य अन्धकार नेति।
आनन्देर आत्मदान प्रेम सख्य प्रीति
शिल्पेर निर्माण किंवा कर्मेर आरति
जीवने या किछु पुण्य विश्वस्त वास्तव
सब किछु क्षति क्षये शून्यगर्भ नेति।

कोथाय आरति स्तव ? एकाकी बिभेति !
समस्त निर्माण अस्ते स्तब्ध नृत्यगान।
जीवनेर शेष प्रान्ते विपुल वैभव
भङ्गुर गलित शव, प्रत्नेर निर्वाण।

अथच बाहिरे सूर्य मेघ वज्र जल,
पूर्णिमा ओ अमावस्या, वातास चञ्चल,
बाहिरे सहस्र मूर्ति प्राणरङ्गे साजे
बाँशि करताले तूर्ये खोले पाखोयाजे।
बाहिरे जीवन बाँचे प्रस्तर सत्ताय
कर्मेर स्फूर्तिते याचे प्राणेर प्रत्यय।

भितरे किछुइ नेइ, मृत्युओ विलीन।
जीर्ण दीर्ण देउलेर ए असूर्यम्पश्या

कोणार्क की देहरी पर

यहाँ शून्य का बोझ है
मानो महाक्षय के कारण
धरती से समुद्र तक अँधेरा हो
विश्व भर के हृदय में
रंगहीन ग्लानि ने
सत्ता को ही दबोच लिया हो
मानो मानव की वाणी
गला घुट जाने से मर गयी हो ।

यहाँ सभी कुछ शून्य है
अन्धकार बेछोर
आनन्द का आत्मदान
प्रेम, मैत्री, प्रीति
शिल्प का निर्माण अथवा
कर्म की आरती
जीवन में जो कुछ भी पवित्र है
विश्वस्त है वास्तव है
सब कुछ क्षय से नष्ट हो कर
शून्य के ग़र्भ में न-कुछ हो गया है ।

कहाँ है आरती, स्तुति ?
डरावना अकेलापन !
सारे निर्माण के अन्त में
ऐसा स्तब्ध नृत्यगान ।
जीवन के आख़िरी छोर पर
विपुल वैभव
भंगुर गलित शव है
पुरातत्त्व का निर्वाण है ।

तथापि बाहर सूर्य है
बादल है बिजली है वर्षा है
पूर्णिमा और अमावस्या है
चंचल पवन है
बाहर हज़ारों मूर्तियाँ
प्राणों के रंग से सुसज्जित हैं
बाँसुरी, करताल, तूर्य
खोल और पखावज लिये ।
बाहर जीवन प्रस्तर की सत्ता में
साँसें ले रहा है
कर्म की स्फूर्ति में प्राणों का
प्रत्यय माँग रहा है ।

लेकिन भीतर कुछ भी नहीं है
मृत्यु भी बिला गयी है ।
जीर्ण-शीर्ण देहरी की
इस असूर्यम्पश्या

वेदीर निष्प्राण गर्भे स्तब्ध मनप्राण।
जीवन बाहिरे बुझि जन्म मृत्यु कर्मे,
आनन्दे आघाते खुँजि जीवन स्वधर्मे।

मरिया जीवन तार प्रतिष्ठाय धीरे
मिलाबे शून्येर भार कालके बाहिरे।
जानि काल केटे याबे ए शून्येर खाद
आवार चैतन्य पाबे प्रत्यक्ष प्रसाद।

आज एइ अन्धकार मर्मे पराक्रान्त
शून्येर एमन भार शिल्पेर धिक्कार,
प्रेम नय मृत्यु नय शून्येर उद्भ्रान्त
देशव्यापी अन्धकार कार प्रतिवाद ?

वेदी के निर्जीव गर्भ में   मन प्राण स्तब्ध हैं।
लगता है जीवन बाहर है   जन्म मृत्यु कर्म में
आनन्द में आघात में स्वधर्म में   मैं जीवन खोजता हूँ।

इस का मृत जीवन   अपनी प्रतिष्ठा से धीरे-धीरे
शून्य के बोझ को   कल बाहर से मिला देगा।
जानता हूँ कल शून्य का यह गर्त   कट जायेगा
फिर से चैतन्य का   प्रत्यक्ष प्रसाद मिलेगा।

आज यह अन्धकार   मर्म में डेरा डाले पड़ा है
शून्य का ऐसा भार !   शिल्प को धिक्कार है,
प्रेम नहीं मृत्यु नहीं   शून्य का यह उद्भ्रान्त
देशव्यापी अन्धकार   किस का प्रतिवाद है ?

স্বহস্তে বাজাবে

জেনো, হয়ে গেছে বহু দেরি।
ফেরার সময় বহুকাল
কেটে গেছে, সদাগরী ফেরি
ঘরে গেছে, এখন শৃগাল
ভাবে তারা নেকড়ের পাল।
জেনো হল ফেরার সময়,
মাটিতে ফেরার এল কাল—
শিকড়ে শিকড় বেঁধে যাওয়া,
মজ্জায় মাটিতে তাল তাল
নিজের সত্তাকে প্রাণদান।
কাদায় হৃদয় সঁপে ভাবো,
চৈতন্যের মাঠে চাও ধান,
লোভ ছাড়ো দূর করো ভয়।
ভাবো তুমি গ্রাম, তুমি দেশ,
গ্রাম্য মহাদেশ, লক্ষ গ্রাম।
মেনে নাও উদ্বাস্তু স্বদেশ,
বুভুক্ষু, বিবিক্ত, অক্ষয়
অমর সে কোটি মুখে কান
দাও, শোনো, বলো : ভালোবাসি।
তুমি নও ইংরেজ ফরাসী,
পাশ্চাত্যে পাবে না নামধাম।
জেনো হয়ে গেছে বহু দেরি,
মেলাও অশ্রুকে আজ মেঘে,
রৌদ্রে রৌদ্রে পুড়ে রাত জেগে
একাকার মাটিতে হাওয়ায়

अपने हाथों बजाओगे

सच जानो, बहुत देर हो गयी है।
वापसी का समय बहुत पहले
बीत चुका है, सौदागरों की फेरी
घर लौट गयी है, अब गीदड़
सोचते हैं वे भेड़ियों के दल में हैं।
सच जानो, वापसी का समय हो गया है,
मिट्टी में लौटने का क्षण आ गया—
जड़ों में लिपट कर बँध जाने का,
मिट्टी के लोंदों में हड्डियाँ बिखेर कर
अपनी सत्ता को प्राणदान देने का।
कीचड़ को हृदय सौंप कर सोचो,
चैतन्य के खेत से धान माँगो,
लोभ छोड़ो, भय को दूर भगाओ।
सोचो तुम गाँव हो, तुम देश हो,
ग्रामीण महादेश, लक्ष ग्राम।
मान लो कि स्वदेश विस्थापित है
भूखा है, खण्डित है, अक्षय
अमर इन कोटिजनों की वाणी पर
कान लगाओ, सुनो, कहो : मैं तुम्हें प्यार करता हूँ।
तुम अँगरेज़ या फ़्रांसीसी नहीं हो,
पश्चिम में तुम्हें नाम-धाम नहीं मिलेगा।
सच जानो, बहुत देर हो गयी है,
आज आँसुओं को वर्षा में मिला दो,
धूप में झुलस कर रात-रात जाग कर
मिट्टी और हवा से एकाकार

दग्ध हये वृष्टिजले भिजे
बीजेर आवेगे कँपे निजे
पृथिवीर छय राग शोनो
माटिते जीवने प्रतिदिने ।
तबे कोनो दिन शुभक्षणे—
अवश्य करेछ बहु देरि,
विश्वके मेलाते पारो घरे
नवान्ने मतो आड़म्बरे ।
वृथा छोटो छिन्नभिन्न मने
कालेर पिछने, फेरो घरे,
बोल् देबे स्वयं त्रिकाल,
स्वहस्ते बाजाबे तुमि भेरी ॥

दग्ध हो कर बरसात में भीग कर
बीज के आवेग से स्वयं काँप कर
पृथिवी के छहों राग सुनते रहो
प्रतिदिन इस मिट्टी के जीवन में।
तब एक दिन किसी शुभ मुहूर्त में—
वैसे तुम ने देर तो बहुत कर दी है,
नवान्न के से समारोह में
तुम घर में विश्व का मिलन करा सकोगे।
तुम व्यर्थ ही छिन्न-भिन्न मन से
काल के पीछे दौड़ रहे हो, घर लौटो,
स्वयं त्रिकाल तुम्हें बोल देंगे
तुम अपने हाथों भेरी बजाओगे।

घुम नय, घुमेर किनारे

घुम नय, घुमेर किनारे
येखाने बालिर नीलाचल भाङे महानीलिमाय
शरीरेर प्राय पाड़े—
प्राय बुझि मानसेर मुक्त सीमानाय,
अथवा आकाशभेदी अथच आकाश नय, चूड़ाय चूड़ाय,
शरीरेर साड़ घेंषे निरुद्देश पाड़े-पाड़े घोरा,

घोरा किंवा ओड़ा, येन चिल, बाज,
गगनभेड़ वा येन सोनालि ईगल,
शिकारेर खोंजे नय, स्वभावे तृप्तिते भासा
दुइ डाना मेले देओया, येन शुद्ध पिलु वा खाम्बाज,
येन जीवनेर समस्त शिकल, या किछु विकार
सब किछु फेले देओया, पूर्ण सब आशा ओ हताशा,

मनेर आकाशे मुक्त, बला याय निरुद्देश,
रुजिर चिन्ताय नय, मुनाफार दाये नय,
थीसिसेर चाहिदाय, ख्यातिर आम्बाय नय,
निछक मनेर माठे, शरीरेर प्राय पाड़े,
येखाने शान्तिर विषादेर खादे सुर तोले अक्लान्त निखादे
फ्युगेर विस्तारे अर्गानेर अनन्त आओयाज,

घुम नय, घुमेर किनारे मुक्तिर आवेश,
स्मृतिर स्तम्भित नीलाचले येखाने सचल स्वप्ने
मननेर प्रबल हिल्लोले,
येन परजेर आलापे गमके ताने अनिर्वचनीय

नींद नहीं, नींद के किनारे

नींद नहीं, नींद के किनारे
जहाँ बालू का नीलाचल महानीलिमा में बिखर जाता है
लगभग शरीर के कगार पर—
मानो लगभग मानस की मुक्त सीमा पर,
या आकाशभेदी, यद्यपि आकाश नहीं, चोटियों पर,
शरीर की चेतना से सटे-सटे कगारों पर लक्षहीन घूमना,

घूमना या उड़ना, जैसे चील, जैसे बाज़
गगनभेड़ या मानो सुनहरा ईगल,
शिकार की खोज में नहीं, सहज तृप्ति से तैरना
दोनों पंख फैला देना, मानो शुद्ध पीलू हो या खम्माच,
मानो जीवन के सारे बन्धन, सारे विकार
सब कुछ छोड़ देना, आशाओं और हताशाओं की भरपाई हो जाने पर,

मन के आकाश में मुक्त, कहिए लक्ष्यहीन,
रोज़ी की चिन्ता से नहीं, मुनाफ़े के फेर में नहीं,
थीसिस की माँग से नहीं, ख्याति के अरमान में नहीं,
खाली मन के मैदान में, लगभग शरीर के कगार पर,
जहाँ फ्यूग के विस्तार में ऑर्गन की अनन्त आवाज़
शान्ति और विषाद की गुनगुनाहट में अक्लान्त निषाद के स्वर उठाती हो,

नींद नहीं, नींद के किनारे मुक्ति का आवेश,
स्मृति के स्तम्भित नीलाचल पर जहाँ सचल स्वप्न में
मनन की प्रबल हिल्लोल से,
मानो परज के आलाप में गमक में तान में

कथा ओठे, छोटे, डोबे अतलेर ताले ताले
तरल हिन्दोले फैयजेर मैनाकमन्थित स्वरे
अगाध ऊर्मिल,

तारपरे घुम, शान्ति, नीले नील,
तारपर शुधुइ हरि ओं, समुद्रेर तम्बुराय
आकाशेर रेश ।।

अतल की ताल-ताल पर तरल हिन्दोल में
फ़ैयाज़ख़ाँ के मैनाक मन्थित अगाध ऊर्मिल स्वरों में
अनिर्वचनीय बात उठती हो, छूटती हो, डूबती हो,

उस के बाद नींद, शान्ति, नीलमनील,
उस के बाद बस हरि ओ३म्, समुद्र के तानपूरे पर
आकाश की झंकार ॥

আমিও তো

আমিও তো, শুধু চোখে নয়, সারা মনেপ্রাণে
মেঘের কঙাল ।
দগ্ধ মাটি হাহাকারে আমারও স্নায়ুতে আনে
মুমূর্ষু আকাল,
আমারও সম্বিতে ধরে কেউটের হাজার ফাটল,
সূর্যের অসূয়াঘাতে ভেঙেছে আমারও আলবাল ।
দেখেছি মানুষ থাকে চেয়ে,
দেখি মাটি চেয়ে থাকে এক দৃষ্টি পাংশুল আকাশে ।
কারণ জীবনে আজও মাটি আর সহস্রাক্ষ আকাশ প্রবল ।
আমিও চেয়েছি অহর্নিশ ধারাজল ।

তাই আজ দূর্বাদলশ্যাম অভিরাম বৃষ্টি শুনি,
বৃষ্টি দেখি, ছাটে ছাটে গন্ধে গন্ধে ভরে নিই ঘ্রাণ,
মনে মনে আমিও সত্তার পোড়া ক্ষেত রুই, বুনি;
হয়ে যাই থরোথরো ফসলের শিষ ।
আমারও স্নায়ুতে আজ মাটির আষাঢ়
পাকে পাকে হয়ে ওঠে বর্ষার উৎসব;
হৃদয় ভাসায়, নামে ঢল,
মুক্তাবিন্দু গেঁথে গেঁথে লাবণ্যে চৈতন্য ভরি,
গলায় পরাই তাকে যার বাহু আমার গলায় ।
শরীরের অন্ধকার হয়ে ওঠে মেঘময় গান,
তীব্র ছটা সূর্যোদয়-সূর্যাস্তের স্তব ।

मैं भी तो

मैं भी तो, सिर्फ़ आँखों से नहीं, पूरे मन-प्राण से
बादलों का भिखारी हूँ।
झुलसी हुई मिट्टी के हाहाकार से मेरे स्नायुओं में भी
मुमूर्षु अकाल भर जाता है,
मेरी चेतना में भी हज़ारों सर्पिल दरारें पड़ जाती हैं,
सूर्य के ईर्ष्या भरे आघात से मेरा आल-वाल भी चूर-चूर हो गया है।
मैं ने देखा है मनुष्य को टकटकी लगाये,
देखा है धरती लगातार फीके आसमान पर टकटकी लगाये रहती है।
क्योंकि जीवन में आज भी धरती और सहस्राक्ष आकाश प्रबल हैं।
मैं भी दिनरात जलधार को ताकता रहा हूँ।

तभी तो आज मैं दूर्वादलश्याम अभिराम वृष्टि सुन रहा हूँ,
वृष्टि देख रहा हूँ, बौछारों में गन्धों से घ्राण भर लेता हूँ,
मन ही मन मैं भी सत्ता का झुलसा खेत निराता हूँ, बोता हूँ;
फ़सल की थरथराती बाली बन जाता हूँ।
मेरे स्नायुओं की गाँठों में भी आज धरती का आषाढ़
वर्षा का उत्सव बन गया है;
हृदय बह उठा है, कगार टूट रहे हैं,
मुक्ताबिन्दु गूँथ-गूँथ कर लावण्य से चैतन्य भर लेता हूँ,
और उस के गले में पहना देता हूँ जिस के बाहु मेरे गले में हैं।
शरीर का अन्धकार बादल भरा गीत बन जाता है,
सूर्योदय और सूर्यास्त की तीव्र छटा वन्दना।

अंकुरे अंकुरे ताइ आज
आमार ओ कविता दोले प्रसन्न हाओयाय
आसन्न आश्विने आहा धानेर मञ्जरी ॥

७।२।५८

तभी तो आज अंकुर-अंकुर में
मेरी कविता भी प्रसन्न हवा में लहराती है
और आसन्न आश्विन में आहा ! धान की मंजरी ॥

७।२।५८

सूर्यास्त-वेलाय

गरमेर पोड़ा दिन, गिये ओ याय ना ।
जारुलेर फुले फुले शिशुदेर खेला
थामेइ ना, बलि : आहा होक ना बायना,
एखन ओ तो आमि आछि; फुल आर ढेला—
एइ तो खेलना, आर सूर्यास्तेर आलो—
आर किछु पाका चुल आमार माथाय ।
खेलुक ना, मा बाबारा निजेदेर भालो
वासुक ना निर्भावना, वासार हाताय
आमि आछि, चेये आछि चोख-मन मेला;
ओइ दुटि शिशु देखि, गाछेर पाताय
फुले घासे एकाकार; सूर्यास्त-वेलाय
एइ बुझि मानुषेर जीवन्त आयना ?

१४।२।५८

सूर्यास्त वेला में

गरमी का झुलसा दिन, जा कर भी नहीं जाता।
जारुल के फूलों के बीच बच्चों का खेल
थमने में ही नहीं आता, मैं कहता हूँ : धुन ही तो है
अभी तो मैं मौजूद हूँ; फूल और ढेले—
यही तो खिलौने हैं, और सूर्यास्त का उजाला—
और कुछ पके बाल मेरे सिर के।
खेलते हैं तो खेलें, माता-पिता स्वयं निश्चिन्त हो कर
प्यार कर लें, घर के अहाते में
मैं जो मौजूद हूँ, मन लगा कर आँखें गड़ाये देख रहा हूँ।
देख रहा हूँ दोनों बच्चे पेड़ की पत्तियों, फूलों
और घास से मिल कर एकाकार हो गये हैं; सूर्यास्त-वेला में
शायद यही मनुष्य का जीवन्त आईना है ?

१४।२।५८

अभिन्न स्वस्तिते

स्वर्णचाँपार कान्ति अङ्गे-अङ्गे आभाय,
शिरीषेर बहुमर्मरे सेइ कथाटि जानाइ,
कृष्णचूड़ाय प्राकृतिक मने प्रिया के राङाइ।

पलाश कि तार पापड़ि छड़ाल नखेर मूले?
प्रवालफुलेर छोंयाच लेगेछे ओष्ठाधरे।
आरो रङ चाइ? गाजने कि हबे शिमूलतलार आबिर तुले?

आकाशनिमेर ताराखचा पथे वृष्टि पड़े,
चाल्‌तार फुले फलेर बागान मदिर करे,
कदम शिहरे रथेर मेलार पथेर झड़े।

शरतेर छुटि काटाइ धानेर गन्ध मेखे,
सबुजे सुनीले दृष्टि साराइ रासेर सुखे
गोलाप काँटाय माटिर दुःख आङुले चेखे।

से आनन्दे स्वाद नेइ विषादे या तीव्र तीक्ष्ण नय,
आनन्देर खादे ताइ घनीभूत अभिन्न स्वदेश।
शहुरे स्वस्तिते सुखे मेशे ग्राम्य शत विघ्नभय;
राजधानी कबन्ध केन? पङ्गु दुस्थ समस्त प्रदेश।

अद्‌भुत जीवन देख, आमादेर कयेक पुरुष
खुँजे मरि निजवासभूमि, आछि आपन देशेइ।

अभिन्न स्वस्ति में

स्वर्णचम्पा की कान्ति अंग-अंग में झलकती है,
शिरीष के मर्मर स्वरों में यही बात बताता हूँ,
प्राकृतिक मन से प्रिया को कृष्णचूड़ा के रंग में रँगाता हूँ ।

नखमूलों में क्या पलाश ने अपनी पंखुरियाँ बिखरा दी हैं ?
ओष्ठाधरों में प्रवाल फूलों का परस लग गया है ।
अभी और रंग चाहिए ? चैती में सेमलतले का अबीर चुन कर क्या होगा ?

आकाशनीम के तारों भरी राह पर मेह पड़ रहा है,
कैथ के फूलों से फलों का बाग़ मतिया रहा है,
रथ के मेले की राह की आँधी से कदम्ब सिहर रहा है ।

धान की गन्ध मलता मैं शरद् की छुट्टियाँ बिता रहा हूँ,
रास के आनन्द में हरियाली और सुनील से दृष्टि आँजता हुआ,
गुलाब के काँटों में अँगुली से धरती का दुःख चखता ।

उस आनन्द में कोई स्वाद नहीं जो विषाद से तीव्र और तीक्ष्ण न हो,
तभी तो आनन्द के तले अभिन्न स्वदेश घनीभूत रहता है ।
शहर की स्वस्ति और सुख में गाँव के सैकड़ों विघ्नभय मिले रहते हैं;
राजधानी कबन्ध क्यों है ? सारा प्रदेश अपाहिज और बीमार है ।

यह अद्भुत जीवन देखो, हमारी कई-कई पीढ़ियाँ
अपने बसने की जगह खोजती मर जाती हैं, हालाँकि हम अपने ही देश में हैं ।

निर्मम निर्बोध मन, दाबि शुधु चाकुरे जौलुष,
भाबि देश आमादेरइ, किछुमात्र भालो ना बेसेइ।

ग्राम आसे शहरेर भिड़े, भाबे असहाय हाते
हात बेंधे प्राण देबे बुद्धिमन्त इंरेजि-नबिश।
ग्राम कि बोझे ना आजओ, मने प्राणे मेरे दिये आँते
उधाओ इंरेजि घोड़ा रेखे गेछे हाजार सहिस !

कबे शेष हबे बलो ग्रामदेशे एइ चड़िभाति ?
प्रकृति के घर देबे साम्राज्येर असुस्थ बस्तिते,
गाँटछड़ाय बेंधे देबे निजेदेर, स्वदेश स्वजाति,
आनन्द मिलबे ग्रामशहरेर अभिन्न स्वस्तिते।

पाये माटि नेइ, वृथाइ माथाय आकाश धरा !
खनि धसे बाँध भाङे घर रेललाइन खसे—
असीम धैर्ये सर्वंसहा एदेशे जनता वसुन्धरा।

लाङलफलाय चेतनाके करो उर्वर,
तबे तो फलबे ज्ञानविज्ञाने मनेर फसल,
तबे तो गड़बे यन्त्र हातेर दरदे सचल।

देरि हल ? होक्। देह गम्हार, मन दृढ़,
पाता झरे गेछे, चारटे मेटेल पापड़िर
मध्ये एकटि प्रेमेर हरित् सम्भार।

परवासी मन बिलाओ गञ्जे गण्डग्रामे
तबे प्रकृतिर प्रतिशोध शेष हबे जेनो ठिक एइ शतकेइ,
अभिन्न मन मरा शहरेइ छेये याबे आमकाँठालजामे॥

२५।२।५८

मन निर्मम और निर्बोध है, हक़ है तो सिर्फ़ नौकरी के जल्वे का,
तनिक सा भी प्यार किये बिना सोचते हैं कि देश हमारा ही है।

गाँव शहर की भीड़ में आता है तो सोचता है असहाय हाथों को
सहारा दे कर बुद्धिमन्त अँगरेज़ी-नवीस हिम्मत बँधायेंगे।
गाँव क्या आज भी नहीं समझ पाता कि तन-मन-प्राणों को कुचल कर
अँगरेज़ी घोड़ा भाग गया है, अपने पीछे हज़ारों सईस छोड़ कर!

गाँव-देहात की यह पिकनिक बताओ कब ख़त्म होगी,
साम्राज्य की अस्वस्थ बस्ती में प्रकृति को कब जगह मिलेगी,
स्वदेश और स्वजाति के बीच गठबन्धन कब होगा,
गाँव और शहर की अभिन्न स्वस्ति का आनन्द कब मिलेगा?

पैरों तले जब ज़मीन नहीं तो बेकार है सिर पर आसमान ढोना!
खान धँसती है, बाँध टूटता है, इमारतें और रेल लाइनें खिसकती हैं—
असीम धैर्य से सब कुछ सहती है इस देश की जनता-वसुन्धरा।

हल की फाल से चेतना को उर्वर करो,
तभी तो ज्ञान-विज्ञान में मन की फ़सल फलेगी,
तभी तो हाथ के दर्द से सचल यन्त्र तैयार होगा।

देर हो गयी है? हो जाय। देह गम्भार है, मन दृढ़ है,
पत्ते झर चुके हैं, चार मटियाई पंखुड़ियों के बीच
प्रेम का एक वासन्ती सम्भार है।

पराये मन को गंजों गाँवों में बिला दो
सच जानो प्रकृति का प्रतिशोध इसी शताब्दी में पूरा हो जायेगा,
मरे शहर में ही आम-कटहल-जामुन के रूप में अभिन्न मन छा जायेगा॥

२५।२।५८

एरा ओ ओरा

एरा मुग्ध फाल्गुनेर महुयार ज्यामितिबाहारे;
दुर्जय विन्यासे ओठे डाले डाले पत्रहीन फुले,
येन कोनो श्रमिक वा कृषकेर देशज प्रतीक,
एकतिल मेद नेइ, शुधु पेशी, पोड़ा भेजा हाड़े
कठिन माटिर शक्ति ग्रन्थिते ग्रन्थिते ओठे फु'ले ।

ताइ एरा मुग्ध, एरा वसन्तेर माठेर पथिक ।
आर ओरा की उत्साहे फुलफल बीज तोले घरे,
समस्त कुड़ाय, याबे कटा मास महुयार वरे ।

एमनि विभिन्न प्रतिक्रियाय देखेछि एक क्रिया
आमरा विह्वल चोखे शरतेर नवाबी आकाशे
सूर्यास्ते निर्वाक मुग्ध, आर ओरा उद्वेगे अस्थिर
नवान्न सबुजे पाछे रक्तमेघ स्वर्णस्रोते भासे;
आमरा नन्दित याते ओरा ताते अन्ध वा बधिर ।

अथच सबाइ एक, उभयेरइ एकटि प्रकृति,
शुधु आमादेर शिल्प मूल्यदाने गेछे मूल भुले—
महुयानिर्भर आर मेघजीवी एदेशेर स्मृति,
शुधु छिन्नग्रन्थि आज, भेद ताइ दसरे प्रान्तरे;
कृषाण-कृषाणी ओरा, आर एरा भव्य चाकुरिया ।।

२६।२।५८

ये और वे

ये फाल्गुन में महुआ की ज्यामितीय बहार से मुग्ध हो जाते हैं।
अजेय विन्यास से डालों पर पत्रहीन फूल खिल उठते हैं,
मानो किसी मजूर या किसान के देशी प्रतीक हों,
तनिक भी मेद नहीं, सिर्फ़ पेशियाँ, झुलसे भीगे हाड़ों में
गाँठ-गाँठ में कठोर मिट्टी की शक्ति फूल उठी हो।

इसी लिए ये मुग्ध हो जाते हैं, वासन्ती मैदान में विचरने वाले।
और वे कितने उत्साह से फूल फल बीज कोठों में जमा करते हैं,
सब कुछ बीन लेते हैं, महुआ की कृपा से कुछ महीने कट जायेंगे।

इसी प्रकार एक ही क्रिया की भिन्न-भिन्न प्रतिक्रियाएँ देखी हैं
हम विह्वल दृष्टि से शरद् के नवाबी आसमान में
डूबता सूरज देख कर अवाक् मुग्ध हो जाते हैं, और वे चिन्ता से विकल
कि कहीं नवान्न की हरियाली लाल बादलों के स्वर्णप्रवाह में न बह जाये;
हम जिस बात से मगन हो जाते हैं वे उसी से अन्धे या बहरे।

फिर भी सब एक हैं, दोनों की एक ही प्रकृति है,
सिर्फ़ हमारा शिल्प मूल्य निश्चित करने में मूल को भूल गया है—
महुआनिर्भर और मेघजीवी इस देश की स्मृति है,
सिर्फ़ आज ग्रन्थि छिन्न हो गयी है, तभी तो दफ़्तर और प्रान्तर में भेद है;
वे किसान नर-नारी हैं, और ये भव्य किरानी॥

२६।२।५८

आदिम-अन्तिम

तार पाये अशोक पलाश,
आमि बइ विवर्ण शिशिर।
तार चोखे होलिर निशिर,
आमि माघी भोरेर आकाश।

तार गाये आदिम गौरव,
आमि बइ अन्तिम तुषार,
तार हासि अलका-सम्भार
आर आमि स्मृतिर रौरव।

आसबे कि पेरिये आश्विन,
आमि याब फेर कि फाल्गुने ?
काल-के जितबो काल गुने,
एक रात्रि पाबे अन्य दिन ?

१२।३।५८

आदिम-अन्तिम

उस के चरणों में हैं अशोक पलाश,
मैं ढोता हूँ विवर्ण शिशिर ।
उस की आँखों में होली की रात है,
मैं माघी भोर का आकाश हूँ ।

उस की देह में आदिम गौरव है,
मैं ढोता हूँ अन्तिम तुषार,
उस की हँसी अलका का सम्भार है
और मैं स्मृति का रौरव हूँ ।

क्या वह आश्विन को लाँघ कर आयेगी,
मैं क्या फिर फाल्गुन में लौट जाऊँगा ?
क्या काल को गिन कर काल जीत लूँगा,
एक रात क्या दूसरा दिन पा जायेगी ?

१२।३।५८

वन्य दोल

मने हल येन दाउ दाउ ज्वले आगुन,
टिलाय टिलाय छुटे गेल जोड़ा बाघ;
प्राचीन रक्ते किंशुके लाल फागुन,
प्रकृतिर साध ! सुन्दरे ए कि मृत्युर अनुराग !

शाले ओ सेगुने सिसुते ओ गम्हारे
सरकारी बने कार साड़ भाङे, कारा भाङे आड़ामोड़ा !
तीव्र विधुर रूपेर ए सम्भारे
निठुर दरदी गोखुरा चन्द्रबोड़ा।

तबु गाछे गाछे मृदुल फुलेर गन्ध,
झोपे झाड़े चुपिसाड़े भ'रे याय घ्राण,
हरेक पाखिते चोखेकाने लागे धन्ध,
हरिणेर डाके स्पष्ट पुलके मृत्युर सम्मान।

ए येन देशेर दशेर प्राकृत तुलना
स्मृतिर ताड़से आशा-आनन्द खिन्न,
ए येन देशज प्रेमेइ दश-के भाबते हयेछे घृण्य,—
समाजेइ बुझि प्रकृतिर मृत तुलना ?

मने हल राते पाहाड़े पाहाड़े नाचे आगुनेर माला,
काने एल कत अग्निचक्षु आरण्य पदपात,
एदिके दूरेर बसतिते हल फाल्गुनी मातोयाला,
नागड़ाबाँशिते भाङे गड़े प्रेमे पूर्णिमा सारारात ॥

१९५८

वन की होली

ऐसा लगा मानो धू-धू कर के आग जल रही हो,
टीलों पर शेरों की जोड़ी छलाँग लगाती निकली हो;
किंशुक के प्राचीन रक्त से फागुन लाल हो गया है,
प्रकृति की यह कैसी आकांक्षा ! सुन्दर को मृत्यु से यह कैसा अनुराग है !

शाल और सागौन शीशम और गम्भार के बीच
सरकारी वन में यह किन की चेतना जागती है, कौन अँगड़ाई ले रहे हैं !
चाँद के इस तीव्र रूप के सम्भार से
निष्ठुर करुण गोखुरे और चन्द्रबोड़ा साँप ।

फिर भी पेड़ों पर मृदुल फूलों की गन्ध है,
झाड़-झाड़ियों में चुपचाप घ्राण भर जाता है,
हरेक पक्षी से आँख-कानों में चकाचौंध हो जाती है,
हिरन की पुकार की प्रकट पुलक में मृत्यु का सम्मान है ।

यह मानो देश के लोगों की प्रकृत उपमा है
जो स्मृति की मार से आशा-आनन्द में भी खिन्न रहते हैं,
मानो अपने प्रेम के कारण ही वे एक-दूसरे को घृणित मानने को बाध्य हों,—
क्या सचमुच समाज में ही प्रकृति की मृत तुलना मिलती है ?

ऐसा लगा मानो रात में पहाड़ों पर अग्निमालाएँ नाच रही हों,
न जाने कितने जलती आँखों वाले पैरों की चाप सुनाई दी,
इधर दूर की उस बस्ती में फागुन मतवाला हो उठा है,
नगाड़े और बाँसुरी के स्वरों से पूर्णिमा सारी रात प्रेम में मिटाती-बनाती है ।।

१९५८

प्रथम कदम फुल

तोमाके ये देब जीवनेर सन्ध्यार
श्रावण मासेर प्रथम कदम फुल
आशा छिल नाको, तबुओ रङ्गबाहार,
तबु वैकाली आकाशे घनाल घटा।
शुनि आजकाल आमादेर बांग्लार
वर्षाइ नाकि उधाओ फाराक्कार
किंवा अमनि सुदूर नामेर आड़े,
शुनि आजकाल छिड़ेछे शिवेर जटा,
शुधु मारी आर अनाहार अनाचार;
कपिलगुहार भीषण अन्धकार
आबार चेपेछे आमादेर एइ राढ़े,
गङ्गाय शुनि अनेक चोखेर लोना,
कत कोटि चोख मनेओ याय ना गोना।
ताइ नाकि आज अनेकदिनेर चेना
वर्षाइ शुनि दिल्लीते पलातक !
शिवदुर्गार मिलनइ नेइ ता घटा।

आजकाल आशा ये कोनो विषये कठिन।
आशा छिल नाको, कुण्ठित सारादिन।
तबु वैकाली आकाशे घनाल घटा,
वर्षाइ प्राय, होक कालवैशाखी,
किंवा शरत्, आकाशे रङ्गबाहार
बुझिवा उमार कैलासछाड़ा आँखि।
नामल वर्षा, कलकाता पेल मुक्ति,
छड़ाल नदीते माठे-घाटे प्रान्तरे,

पहला कदम्ब फूल

तुम्हें अपने जीवन की सन्ध्या में
श्रावण मास का पहला कदम्ब फूल दे सकूँगा
इस की कोई आशा नहीं थी, फिर भी रंग की बहार छा गयी है,
फिर भी अपराह्ण के आकाश में घटा घिरी है।
सुनने में आया है कि शायद आजकल
हमारे बंगाल की वर्षा फरक्का या ऐसे ही किसी
सुदूर नाम की ओट में बिला गयी है,
सुनने में आया है कि आजकल शिवजी की जटा छिन्न हो गयी है,
बस महामारी अनाहार अनाचार ही छाये हैं;
कपिल मुनि की गुफा का अन्धकार
हमारे इस राढ़ देश पर फिर छा गया है,
सुनने में आया है कि गंगा में करोड़ों आँखों के आँसू हैं,
आँखें जिन की मन ही मन गिनती करना भी दुश्वार है।
तभी तो आज शायद बरसों की परिचित वर्षा
सुनने में आया है दिल्ली चली गयी है!
शिव-दुर्गा के मिलन के बिना घटा कैसी?

आज कल तो किसी भी मामले में आशा करना कठिन है।
कोई आशा नहीं थी, दिन भर कुण्ठित रहता था।
फिर भी अपराह्ण के आकाश में घटा घिर आयी,
लगभग वर्षा ही की तरह, चाहे वैशाख का आँधी-तूफ़ान हो,
या शरद्, आकाश में रंगों की बहार है
मानो कैलास छोड़ कर आयी उमा के नेत्र हों।
वर्षा उतरी, कलकत्ते ने मुक्ति की साँस ली,
और घाट-मैदानों में, नदियों और वनों में फैल गयी।

एकाकार हल नवजीवनेर ऐक्य,
ग्राम शहरेर मरुशाप बुझि चुकल,
दुर्गम गिरि दुस्तर मरु पार हये प्रेमे सख्ये
नटराज बुझि नामल नीलिम शुक्न
बाहुर भङ्गे गौरीर वरअङ्गे।

नेइ दृश्येर किछु नेइ समतुल।
सेइ नृत्येर विगलित सुखसङ्गे
सब बेलि जुँइ सजल हाओयाय झरे,—
मने हय बुझि धुये गेल यत भुल
शुधु उठानेर कदम स्वतइ शिहरे।
तोमाकेइ देब प्रथम कदम फुल ॥

१२।७।५८

नव जीवन के ऐक्य से सब एकाकार हो गया,
गाँवों और शहरों का रेगिस्तानी शाप मानो मिट गया,
दुर्गम पर्वत दुस्तर मरुस्थल लाँघ कर मानो नटराज ने प्रेम और सख्य से
नीलम-धवल बाहुपाश में गौरी के वर अंगों को समेट लिया।

इस दृश्य की कहीं कोई बराबरी नहीं।
इस नृत्य के विगलित सुख में डूब कर
बेला और जुही के फूल सजल हवा में झर रहे हैं—
लगता है मानो सारी भूलें धुल गयी हों,
बस आँगन का कदम्ब आप ही आप सिहर रहा है।
पहला कदम्ब फूल मैं तुम्हीं को दूँगा ॥

१२।७।५८

मुख तो देखि नि

मुख तो देखि नि, देखेछि केवल चला,
देखेछि पृथिवी ममताय स्मित आदरे उन्मुखर,
शुनेछि केवल पायेर दशटि पापड़िर मृदु भाषा ।

मुख तो देखि नि, देखेछि मालती लता,
दोले शरीरेर आपन आवेगे; से ये प्राण-उच्छला ।
आमार प्राज्ञ पियाल तरुते थरोथरो से कि आशा !

प्रथम यखन मुखे ताकालुम,—से दिन जातिस्मर,
मुख तो देखि नि, देखेछि आयत दृष्टि,
महा अम्बरे तारार मतन, ना से आमादेर सूर्यइ ।

शुनेछि सौरजगतेर गान मर्त्य आमार स्वप्ने,
दुकान रेखेछि आपन हृदये, बेनेडिक्टुस तूर्य
भरेछे आमार जीवने आकाश, प्रतिटि दिनेर सृष्टि ।
देखेछि से मुख, ताइ तो आजके सत्य आमार स्वप्ने ॥

चेहरा तो नहीं देखा

चेहरा तो नहीं देखा, देखी थी सिर्फ़ चाल
देखी थी धरती ममता के स्मित दुलार से उन्मुखर,
सुनी थी बस पैरों की दस पंखुरियों की मृदुल भाषा।

चेहरा तो नहीं देखा, देखी थी मालती लता,
जो शरीर के आवेग से अपने आप डोलती है; प्राण-उच्छला जो ठहरी।
मेरा ज्ञानी पियाल वृक्ष किस आशा से थरथराया था!

पहली बार जब चेहरे की ओर देखा—उस दिन जन्म-जन्मान्तर याद हो आये,
चेहरा तो नहीं देखा, देखी थी आयत दृष्टि,
विराट् अम्बर में तारे की भाँति, या वह अपना सूर्य ही था।

अपने मर्त्य स्वप्न में मैं ने सौर जगत् का गीत सुना है,
अपने हृदय पर मैं ने अपने कान रख दिये हैं, मंगल तूर्य ने
मेरे जीवन में आकाश भर दिया है, प्रत्येक दिन रच दिया है।
आज वह चेहरा देखा है तभी तो आज सत्य है मेरे स्वप्न में॥

भाषा

भय नेइ, मने रेखो आशा,
ममताय व्याप्त करो मन,
एखाने नदीर पाड़े तनु शालवन,
तितिरेर डाक शोनो घुघुर कूजन
हासेर झापट आर मयूरेर नाच,
एखानेइ खुँजे पावे भाषा।

एखनइ कि भय ? रेखो आशा,
प्रात्यहिके मग्न करो मन,
एखाने नदीर पाड़े चलेछे बुनन,
खामारे खामारे धान, बागाने गुञ्जन,
परबेर दिने राते माठे घरे नाच,
एखानेइ भित् गड़े भाषा।

भय केन, कवि ? आछे आशा,
सतताय स्थिर करो मन,
स्थिर लक्ष्य चलेछे पिस्टन,
लेथेर आवर्ते गड़ो नाना आयोजन
क्रेनेर बाहुते देख विश्वव्यापी नाच,
से देशज नाचे गाँथो भाषा।

रेखो ना विलासी कोनो आशा,
नवबाबु-भाषा छाड़ो मन,
अथवा मिलाओ से कूजन
साँओताली-धनुकेर टाने टाने झनन्-रणने

भाषा

डरो मत, मन में आशा रक्खो,
प्राणों को ममता में पसार दो,
यहाँ नदी किनारे छरहरे शालवन में
तीतरों की टेर और घुग्घुओं का कूजन सुनो
बत्तखों की उड़ान और मोरों का नाच,
यहीं तुम भाषा खोज पाओगे।

अभी से डरते हो ? आशा रक्खो,
मन को दिनचर्या में डुबा दो,
यहाँ नदी किनारे बुवाई हो रही है,
खेतों में धान, बाग़ों में गुंजन,
त्योहार के दिन मैदानों और घरों में रात-रात भर नाच,
यहीं भाषा दीवार चुनती है।

डर की क्या बात है कवि ? आशा जो है,
मन को सतता में स्थिर कर लो,
स्थिर लक्ष्य ले कर पिस्टन चलता है,
लेद के चक्करों में तरह-तरह के आयोजन गढ़ो
क्रेन की भुजाओं में देखो विश्वव्यापी नाच,
उसी देशज नाच से भाषा गूँथो।

विलासमयी कोई आशा मत रक्खो,
मन से नये बाबुओं की भाषा निकाल दो,
या फिर उस कूजन को
सन्थाली धनुष की तान की टंकारों में

लाङ्लेर फलाय फलाय सुतीव्र स्वनन,
सावेक नूतन छन्दे मेलाओ से नाच
ग्रामे ओ शहरे, पाबे कवितार भाषा ॥

हलों के फलों के तीव्र स्वन में मिला दो,
एक पूरे नये छन्द में मिला दो वह नाच
गाँव और शहर में, कविता की भाषा मिल जायेगी ॥

पाखिर डाक

एकटि पाखिर डाक। सेइ मुहूर्तेइ
पाहाड़े पाहाड़े चड़े चतुर अन्तरा।
आलोतेओ बेजे ओठे तारइ धर्ताइ,
सूर्योदये चले सेइ सुरेर लहरा।

जानि ना कि पाखि। आँका तुषारेर पटे
कालोर एकटि बिन्दु, शुभ्र शिवालिके
येन वा तृतीय नेत्र, धवल सङ्कटे
निजे स्थिर, अग्निवेग हाने चतुर्दिके।

ध्वनिते आलोते महासङ्गीते सङ्गते
हेसे ओठे, दुले ओठे, बुझि माथा नाड़े
नन्दादेवी, नील शिला, कालो कालो ढिपि
खुशिर शिशिर शत देओदार झाड़े।

अनेक पड़ेछि पृथिवीर स्वरलिपि,
सजल हाओयार पाड़े उज्ज्वल भङ्गीते
सूर्ये सूर्ये जातिस्मर सिन्धुते गङ्गाते
सम्वादी स्वरटि तार मुहूर्तेइ लिखि॥

१३।११।५८

पक्षी की टेर

किसी पक्षी की टेर। उसी पल
पहाड़ों पर बेग भरा अन्तरा चढ़ने लगा।
उजाले में भी उसी की संगत बज उठी,
सूर्योदय में चल निकला उन्हीं स्वरों का लहरा।

पता नहीं कौन सा पक्षी है। तुषार के पट पर अंकित
कालिमा का एक बिन्दु, शुभ्र शिवलिंगमूर्ति पर
मानो तीसरा नेत्र हो, धवल संकट में
अपने आप स्थिर, चारों ओर अग्निबाण छोड़ता।

ध्वनि और आलोक के महासंगीत की संगत में
मानो हँस उठे हों, डोल रहे हों, सिर हिलाते हों
नन्दादेवी, नीलशिला, काले-काले स्तूप,
शत-शत देवदारु हर्ष की बूँदें बरसा रहे हों।

बहुत पढ़ी है मैं ने पृथ्वी की स्वरलिपि,
सजल हवा के किनारे उज्ज्वल भंगिमा में
जन्म-जन्मान्तर के सूर्यों में सिन्धु में गंगा में
इस पल मैं उसी का संवादी स्वर लिखता हूँ॥

१३।११।५८

छायातप

दरजाय दाँड़ाय यबे
मने हय सूर्य एकराश, पिछने दु'पाशे
हिम अन्धकार घर ज्वले ओठे आलोर वैभवे ।

बागाने से घोरे फेरे
पल्लवे पल्लवे घन सबुजेर पटे घासेर सबुजे
सञ्चारिणी पल्लविनी लता—
जड़ाब ना मामुलि कथार फेरे,
उपमा प्रकाश करे शुधुमात्र प्रकाशेर दीर्घ आकुलता ।

बागाने, से शेष माघी हिमे
हीरक आभाय एका अन्यमने करे पायचारि,
एइ रौद्र एइ छाया स्पष्ट छबि आधुनिक सरले वङ्किमे ।

शान्त स्निग्ध घन छाया पल्लवे शाखाय,
हृदयेर छायाय से स्थिर ।
सूर्य घोरे, पृथिवीर शान्ति नेइ अणुर चाकाय,
से दाँड़िये, रौद्र आर सबुज मायाय,
एलो चुल चुम्बकेर हाजार रेखाय
स्तब्ध, छायाप्रच्छन्न गम्भीर ।

उपमाय स्थिति नेइ, रौद्रे बाजे सारङ्गेर गत्,
से दाँड़ाय स्फटिक आँचले आर इन्द्रनील असीम आकाशे
मरकते सारि सारि गाछे आर घासे ।
पिछने छड़िये देय मानुषेर स्नायुच्छन्न अस्थिर जगत,

छायातप

जब वह दरवाज़े पर खड़ी होती है
लगता है सूर्यकिरणों का पुंज हो, पीछे दोनों तरफ़
ठण्डी अँधेरी अटारी प्रकाश के वैभव से चमक उठती है।

बाग़ में वह
पत्तों के घने हरे पट पर घास की हरियाली में
संचारिणी पल्लविनी लता की भाँति घूमती फिरती है—
मैं मामूली शब्दों के फेर में नहीं पड़ूँगा,
उस की उपमा बस एक प्रकाश की दीर्घ आकुलता में ही प्रकट होती है।

बाग़ में अन्तिम माघ की ओस के बीच
हीरक आभा में वह अकेली बेसुध टहलती रहती है,
यह धूप यह छाया सीधी-तिरछी रेखाओं वाला आधुनिक चित्र बन जाती है।

पत्तों और शाखों पर शान्त-स्निग्ध घनी छाया की भाँति
हृदय की छाया में वह स्थिर है।
सूरज घूमता है, अणु के चक्कर में धरती को चैन नहीं मिलता,
वह खड़ी है, धूप और हरियाली की माया में,
चुम्बक की हज़ारों रेखाओं में बाल बिखेरे
स्तब्ध, गम्भीर छाया में छिपी।

उपमा में उस की स्थिति नहीं है, धूप में सारंग की गत बजती है,
वह स्फटिक ओढ़नी में असीम नीलम आकाश और
पंक्तिबद्ध पेड़ों और घास के मरकत के बीच खड़ी है।
मांस-मज्जा का मानव-जगत् वह पीछे छिटक देती है,

छायाय से फेले आसे असम्पूर्ण इतिहास कालान्तरे समस्त संवत् ।

छायाखानि चोखे पाति, आवेगेर आगुने बिछाइ ।
आबार रौद्रओ धरि हेमन्त हृदये, निजेर एवं पृथिवीर,
दरजाय, सिड़िते किंवा बागाने यखन चले, किंवा ठाय सूर्यावर्ते स्थिर ॥

३०।१।५९

छाया में छोड़ आती है वह अधूरा इतिहास, पिछले युग के सारे संवत् ।

वह छाया मैं आँखों में भर लेता हूँ, आवेग की अग्नि पर बिछा लेता हूँ,
और अपने और धरती के हेमन्त हृदय में वह धूप भी धार लेता हूँ,
जब वह दरवाज़े पर, सीढ़ियों पर या बाग़ में टहलती है, या सूर्य के आवर्त
में स्थिर खड़ी होती है ॥

३०।१।५९

ब्लड्प्रेसर्

ए रोगे चिकित्सा नेइ, दुरारोग्य सत्तार व्यारामे
ओषुधविषुध वृथा, यथायथ पथ्ये वा व्यायामे
किछुते कि किछु हय ! रात्रि काटे अनिद्रार डोरे,
रक्त क्षेपे क्षेपे ओठे, नाड़ी छोटे मरिया बेघोरे ।
मेले दाओ रक्त चक्षु नीलाकाशे उदार प्रान्तरे,
चोखेर चिकित्सा नेइ आपिसेर गोपन दप्तरे;
पेशीर शिकल यदि खुले दाओ अवारित माठे,
स्नायु यदि मुक्तिस्नान करे नित्य निःस्वार्थ विराटे,
निश्वास विस्तीर्ण करो आदिगन्त निर्मल हाओयाय,
तबेइ शरीर सारबे, उच्चताप कमबे; दाओयाइ
वैद्यदेर हाते नेइ । ए रोगेर विधान आकाशे,
पृथिवीते, वनस्पति ओषधिते, क्षेतमाठ घासे,
पाहाड़े, नदीते, बाँधे, गोचरेर अनन्त प्रान्तरे,
प्रकृतिते हृदयेर सुस्थ स्वस्थ स्वप्ने रूपान्तरे;
चिकित्सा लोकेर भिड़े, बस्तिर कुँड़ेर जनताय—
जनता वा पृथिवीते, एकइ कथा, अन्योन्य सत्ताय ॥

७।३।५९

ब्लडप्रेशर

इस बीमारी का कोई इलाज नहीं, असाध्य सत्ता की व्याधि में
दवा-दारू बेकार है, सही-सही पथ्य या व्यायाम—किसी से भी
क्या कुछ भी होता है ! अनिद्रा के फन्दे में रात कटती है,
रक्त मचल-मचल उठता है, बेदम हो कर नाड़ी छूटने लगती है ।
लाल आँखें नीले आकाश पर उदार प्रान्तर पर टिका दो
ऑफ़िस की गोपनीय फ़ाइलों में आँखों का इलाज नहीं है ।
अगर खुले मैदान में पेशियों की जंजीर खोल दोगे,
अगर स्नायु नित्य निःस्वार्थ विराट् में मुक्तिस्नान करेंगे,
अगर दिगन्त तक फैली निर्मल हवा में अपने निश्वास छोड़ोगे,
तभी शरीर सुधरेगा, उच्च ताप घटेगा; इस की दवाई
वैद्यों के हाथ में नहीं है । इस रोग का नुस्खा है आकाश में,
धरती में, बनस्पति ओषधि में, खेत-मैदान-घास में,
पहाड़ में, नदी में, बाँध में, दृश्य जगत् के अनन्त प्रान्तर में,
प्रकृति में हृदय के सहज स्वस्थ स्वप्न में रूपान्तर में;
इस की चिकित्सा है लोगों की भीड़ में, गन्दी बस्ती की झोंपड़ियों की जनता में—
जनता में या धरती में, एक ही बात है, अन्योन्य सत्ता में ॥

७।३।५९

কৌণিকে নয়

কৌণিকে নয়

যেখানে পাহাড় জ্যামিতির নানা সাজে
হৃদয় ভোলায় প্রকৃতির মণ্টাজে,
সেইখানে ঠিক পাঁচটি টিলার মোড়ে
চলে গেল আহা পায়ে চলা বাঁকা পথে।

কোন গ্রামে গেল সে কোন্ টিলার পারে
সূর্যাস্তের সমের অন্ধকারে ?
ওখানেও ছোটে ঝর্ণা কি এই তোড়ে
পূর্ণিমা ঝরে একই পুলকিত গতে ?

কি হবে হৃদয়ে জ্যামিতিক রূপছবি ?
দেবে না সেতারে শেষরাতে ভৈরবী ?
এইখানে ঠিক পাঁচটি টিলার মোড়ে
ফিরবে না কাল ? নাকি সে ফিরবে জোড়ে ?

কৌণিকে নয়, বৃত্তের পরিপূর্ণ
শিল্পের শেষ শান্তি—জানে কি তন্বী ?
নিঃসঙ্গের বিধুর গোধূলি শূন্যে
বছর বছর দাঁড়াব এমনি মোড়ে ॥

২৭।৩।৫৯

कोणों के रूप में नहीं

जहाँ पहाड़ रेखागणित के नाना रूपों में
प्रकृति के मोन्ताज से हृदय को मोह लेता है
वहीं ठीक उन पाँच टीलों के मोड़ पर
वह तिरछी पगडण्डी के रास्ते चली गयी।

कौन से गाँव चली गयी वह किस टीले के पार
सूर्यास्त की सम पर उतरे अन्धकार में ?
वहाँ भी क्या इसी वेग से झरना फूटता है
ऐसी ही पुलक भरी गत से पूर्णिमा झरती है ?

इस ज्यामितीय रूप-छटा से हृदय को क्या मिलेगा ?
क्या वह रात ढले सितार पर भैरवी नहीं बजायेगी ?
क्या वह कल यहाँ ठीक इन पाँच टीलों के मोड़ पर
वापस नहीं आयेगी ? या क्या वह किसी को साथ लिये लौटेगी ?

कोणों के रूप में नहीं, वृत्त की परिपूर्णता में
शिल्प की अन्तिम शान्ति होती है—क्या वह तन्वी यह जानती है ?
निःसंगता की इस विधुर गोधूलि के सूनेपन में
वर्ष पर वर्ष मैं इसी तरह मोड़ पर खड़ा रहूँगा ॥

२७।३।५९

चार स्रोत

एखनओ गरम कम, फाल्गुनेर शेष;
पल्लवे मुकुले फुले चोख भरे, घ्राण भरे;
आर पाखि, शत पाखि गान करे ।

असहाय आर हिंस्र जन्तुजगतेओ जागे प्रकृतिर देशज आवेश ।
चड़ा, बालि, छोट बड़ शादा कालो शिला
चतुर्दिके इतस्तत ज्वले वासन्तीर अनुरागे;
तार मध्ये नयनाभिराम हिम स्वच्छ स्रोत ।
पाये चल पथा बाँये रेखे
डाइने बाघोया टिला फेले नेमे चलि जले जले,
स्फटिक-शीतल जले स्पर्शेर आरामे नेमे नेमे चलि अविरत ।

छड़ाय नदीर बाहु समस्त शरीर,
पाहाड़े माटिर पाड़ घिरे थाके विपुल विस्तारे
अतिकाय नर्तकेर मतो ।
काने आसे गभीर सङ्गीत ।
चार स्रोते भाङे नदी शिलाय शिलाय,
विवादीर ध्वनि मेले आत्मदाने प्रेमेर निस्तारे,
झाँप देय प्रबल झोराय प्रपातेर वेगे चारटि धाराय;
निचे, बेश दश-बारो हाथ निचु स्तरे
तरल तन्त्रीर भिन्न चारटि परदाय
अपरूप सङ्गीते हाराय,
स्वातन्त्र्य मिलाय येन मत्सार्टेर वरदा प्रसादे,
एकटि संहति पाय मधुर तरल नाना खादे हरेक निखादे ।

चार झरने

अभी भी गरमी कम है, फाल्गुन बीतने वाला है;
पत्तों, कलियों, फूलों से आँखें भर जाती हैं, घ्राण भर जाता है;
और पक्षी, सैकड़ों पक्षी गाते रहते हैं ।

असहाय और हिंस्र जन्तुजगत् में भी प्रकृति का देशज आवेश जाग उठा है ।
पट पर, रेत, छोटी-बड़ी काली-सफ़ेद शिलाएँ
इधर-उधर चारों ओर वासन्ती अनुराग से चमक रही हैं,
उन के बीच नयनाभिराम हिम स्वच्छ स्रोत ।
पगडण्डी को बायीं तरफ़ कर के
शेरों वाले टीले को दायें छोड़ कर मैं पानी में चलता हुआ नीचे उतरता हूँ,
स्फटिक-शीतल जल के स्पर्श के सुख में उतरता चलता हूँ लगातार ।

नदी की बाँह सारे शरीर में फैल जाती है,
अतिकाय नर्तक की भाँति
पहाड़ी मिट्टी के किनारे को अपने विपुल विस्तार में घेर लेती है ।
कानों में आता है गम्भीर संगीत ।
शिलाओं से टकरा कर नदी चार धारों में बँट जाती है,
आत्मदान करती हुई विवादी स्वरों की ध्वनियों को प्रेम के निस्तार में मिला देती है,
प्रबल प्रपात के वेग से झरती चार धाराओं में कूद पड़ती है;
नीचे, ख़ासे दस-बारह हाथ नीचे स्तर पर
तरल तन्त्री के चार भिन्न परदों के
अपरूप संगीत में डूब जाती है,
मानो मोज़ार्ट के वरद प्रसाद में अपनी स्वतन्त्रता मिला देती है,
नाना गतों के निषाद-स्वरों में एक मधुर तरल संहति पा जाती है ।

सुरेला झोराय ढालि निजेकेओ,
गाने स्नाने फेनिल ऊर्मिल तोड़े छेड़े दिइ,
धुये दिइ शरीर, डोबाइ फाल्गुनेर शेषाशेषि समस्त संवित् ॥

इस सुरीले झरने में मैं स्वयं को भी ढाल देता हूँ
फेनिल ऊर्मिल रेले में गाता-नहाता अपने आप को देता हूँ,
शरीर धो डालता हूँ, फाल्गुन के आखिरी छोर पर सारी चेतना डुबो
देता हूँ ॥

अश्वत्थ

गाछेर स्तब्धता गड़ि देहे मने,
महापिपुलेर, आकाशे रोमाञ्च मेले राखे
सहस्राक्ष ये पिपुल, अटल स्तब्धता देखि तार सनातने,
मने मने गड़ि,
राढ़ेर रुक्षता जय करे ये पल्लवे
लक्ष लक्ष प्राणमय सबुज पल्लवे ढाके
आपन हृदय,

कठिन संहत स्थिर साराटा प्रान्तरे प्राणेर गठन,
अजेय उत्सवे कोनओ उमार सन्धाने
येन वा एसेछे देशे सतीर गिरिश ।

पिपुले तन्मय देहमन ।

ओदिके तुलेछे कारा महानिम आमजाम छातिम शिरीष
नाना फुल फलगाछ नाना शब्द गाने
झिरिझिरि नाचे
नरम हाओयाय,
सब भालो खुब भालो, मधुर मधुर, आनन्द आराम तृप्ति;
तबु अतुलन एइ वयस्क पिपुल, रौद्रे स्थिर,
पृथुल प्रवीण पृथिवीर विपुल प्रणये स्तब्ध ।

कखनओ वा अनेक कूजने कचि कचि लक्ष लक्ष कोमल सबुज

अश्वत्थ

वृक्ष की स्तब्धता गढ़ता हूँ अपने तन-मन में,
विशाल पीपल के वृक्ष की, इस सहस्राक्ष पीपल की
जो आकाश को रोमांचित करता रहता है, लगातार उस की अटल
स्तब्धता देखता हूँ
और मन ही मन गढ़ता हूँ,
पीपल जो अपने पल्लवों से राढ़देश की रूक्षता जीत लेता है
प्राण भरे हरे भरे लाखों पल्लवों से
अपना हृदय ढक लेता है,

पूरे मैदान में कठिन संहत स्थिर प्राणों का यह गठन,
मानो किसी अजेय उत्सव में उमा की खोज करने
यहाँ सती के गिरीश आये हों।

मेरे तन-मन पीपल में तन्मय हो गये हैं।

वहाँ न जाने किन्होंने खड़े कर दिये हैं विशाल नीम, आम, जामुन,
सप्तपर्ण, शिरीष
नाना फूलों-फलों के वृक्ष जो नाना सुरों में गाते
नरम हवा में
लहराते नाचते हैं,
सुन्दर, अतिसुन्दर, मधुर मधुर, आनन्द आराम तृप्ति;
फिर भी अतुलनीय है यह वयस्क पीपल, धूप में स्थिर,
पृथुल प्रवीणा पृथ्वी के विपुल प्रणय में स्तब्ध।

कभी-कभी किलकारियाँ भरते नन्हें-नन्हें लाखों हरे-हरे

हाते हाते मृदु पाता शिहरे शिहरे दोले,
येन कोनओ आन्दोलने परगनार समस्त मातार
कोले कोले स्पष्ट आर अस्पष्ट अबुझ शिशुदेर भिड़
कखनओ वा ईशानेर झड़े
उद्दाम उन्माद रागे हाहाकारे मारे मरे
नुये बेंके पड़े, बासा छाड़े, ताले तार ताल देय—
पाखाय पाखाय,

भाङे ना, कारण तार आविश्व शिकड़े सनातने
गभीर कठिन प्राण, बड़जोर बहुदूरे पाँचिलेर भिते
उपड़िये ओठे तार दुर्मर आवेग, फाटल धराय,
धसाय देयाल, बड़जोर झराय पल्लव किछु,
किछु वा खसाय डाल,

तारपरे आवार आत्मस्थ,
आकाश ओ नीड़,
स्तब्ध स्थिर आमादेर माठे आश्चर्य अश्वत्थ गाछ ॥

१८।४।५९

हाथों के कोमल पत्ते सिहर कर डोल उठते हैं,
मानो किसी आन्दोलन में परगने की सारी माताओं की गोदियों में
प्रकट और अप्रकट अबूझ शिशुओं की भीड़ हो,
या कभी-कभी ईशान के अन्धड़ में
उद्दाम उन्मत्त क्रोध में हाहाकार में मारता-मरता
झुकता है, तिरछा हो जाता है, घोंसले से निकल कर अपने पंखों से
उस की ताल पर ताल देता है,

लेकिन टूटता नहीं, क्योंकि उस की विश्वव्यापी जड़ों में सदा से
गम्भीर कठिन प्राण हैं, बहुत हुआ तो कहीं दूर पर किसी चौहद्दी की
दीवार पर
उस का प्रबल आवेग टूट पड़ता है, दरार पड़ जाती है,
दीवार बैठ जाती है, बहुत हुआ तो कुछ पत्ते झर जाते हैं,
कुछ डालें खिसक जाती हैं,

लेकिन उस के बाद फिर आत्मस्थ हो जाता है,
आकाश और नीड़,
हमारे मैदान में स्तब्ध स्थिर यह विचित्र अश्वत्थ वृक्ष ।।

१८।४।५९

বাসাবাড়ী

বাসাবাড়ি রুক্ষ মাটি । শিকড় গজাতে লাগে
বহু গ্রীষ্ম বর্ষা বহু হিম ।
ভাবি কোন্ ঘর পাব কবিতার ভাগে
কোথায় ছড়াবে মন, পুব না পশ্চিম ।

এখানে উত্তরে খোলা, তবুও ফাল্গুনে রিমঝিম
মন আর হাওয়া দোলে গন্ধের বাহারে,
টুনটুনির মিহি গলা খুলে দেয় ঝুরুঝুরু নিম,
ঘুঘু, বুলবুলি বসে আর আসে মিছিলে আহারে

বহু টিয়া, মহাসুখে নিমফল তিক্ত ওষ্ঠাধরে
খায় আর চুপচাপ ভাবে,
তাছাড়া শালিক আছে আর কাক, যতই আদরে
অন্য পাখি চাও, এরা সমানে চেঁচাবে ।

বাসাবাড়ি রুক্ষমাটি, অনা বাদী, ভূদানের মতো,
ভোগ্য বাসযোগ্য নয়, তাও পেতে হিমশিম,
দালালি সেলামে নানা দাবিতে বিব্রত আপাতত
উত্তরের ঘরে উঠি, ফুলে ছায় নির্বিকার নিম ।।

২৪।৪।৫৯

किराये का घर

किराये का घर रूखी ज़मीन की तरह है, जड़ें जमाने में
बहुतेरी गर्मियाँ, बरसातें और जाड़े लग जाते हैं।
सोच रहा हूँ कविता के हिस्से में कौन सा कमरा आयेगा,
मन को किधर बिखेरूँगा, पूरब में या पश्चिम में।

यहाँ उत्तर की तरफ़ खुला है, फिर भी फाल्गुन की रिमझिम में
मन और हवा गन्ध की बहार से डोल उठते हैं,
झरझराता नीम टुनटुन चिड़िया का महीन गला खोल देता है,
घुग्घू और बुलबुल झुण्डों में 'दाना चुगने आते हैं'

तोते परम सुख से तीती निबौरियाँ ओठों में धर कर
खाते हैं और चुपचाप सोचते रहते हैं,
इन के अलावा शालिक हैं, कौए हैं, कितने ही दुलार से
और पक्षियों को देखो, ये बराबर चीखते रहेंगे।

किराये का घर है रूखी ज़मीन, ऊसर, भूदान की तरह,
भोगने बसने के योग्य नहीं, पर उसे पाने में भी झंझट,
दलाली सलामी वग़ैरह की माँगों से परेशान मैं फ़िलहाल
उत्तर के कमरे में आ जाता हूँ, निर्विकार नीम फूलों से लदा है॥

२४।४।५९

निजस्व संवाददाता

खबरेर कागजेर काज ।
खाद्याभाव, पूर्वबङ्गत्यागी भिड़,
बांग्लाय समस्या उग्र, ताइ चेयेछे रिपोर्ट ।
घुरि तिक्तताय दग्ध क्याम्पे, छाउनि-बस्तिते
ग्रामे ग्रामे, पोड़ा माठे पोड़ा देशे
येखाने एकाले, मने हय, चिरकाल वार्षिक आकाल ।
माथाय प्रचण्ड रौद्र, पाये माटि कोथाओ चौचिर
कोथाओ वा हाँटु धुलो,
जल नेइ, मानुषेर चोखे मुखे जल नेइ,
शुधु घृणा, अविश्वास, दीर्घकाल वञ्चितेर सन्देह संशय ।

बोझाइ : देखते भद्र एइमात्र, किन्तु शुधु रिपोर्टार,
कखनओ निइ नि भोट, देश स्वाधीन मस्तिते
भाङि नि, कयेक कोटि मानुषेर दुर्भागा कपाले
हानि नि राज्येर लोभ क्षमतार केरामते सुखे ।
शुधुमात्र रिपोर्टार, भद्रलोक एइमात्र,
आसले एदेरइ मतो असहाय, पराधीन, रौद्रे पोड़ा,
हयतो पेटटा भरे, अथच हृदय इतिहासे असहाय बलि,
एकेबारे निःसम्बल, तिक्त, पोड़ा, खाँटि ।
छेड़े दिइ स्थानीय बाबुर जीप मुरुब्बिर नतुन मोटर,
मफस्वली बास धरि, भाबि : येखाने येमन रीति, हाँटि ।

हाँटि, एइ ग्राम थेके याइ ओइ ग्रामे
निर्जला अभाव साराटा जेलाय, सर्वत्रइ एक उपवासी ज्वाला ।
एदिके गरम प्राय पश्चिमा मरुर । आजओ यदि भाबि,

विशेष संवाददाता

अख़बार का धन्धा।
अन्नाभाव और पूर्वी बंगाल छोड़ कर आयी भीड़ के मारे
बंगाल की समस्या उग्र है, इसी लिए रिपोर्ट माँगी गयी है।
कटुता से दग्ध कैम्पों में, छावनी की बस्ती में,
गाँवों में, झुलसे देश के झुलसे मैदानों में घूमता हूँ
जहाँ इस वक़्त, लगता है, सदा से हर साल अकाल पड़ता आया है।
सिर पर चिलचिलाती धूप, पैरों तले की ज़मीन में कहीं दरारें
कहीं घुटनों तक धूल,
कहीं भी पानी नहीं, इन्सान की आँखों तक में पानी नहीं,
सिर्फ़ घृणा, अविश्वास, ज़माने से वंचित जनों का सन्देह, संशय।

मैं उन्हें समझाता हूँ : बस देखने में ही बड़ा आदमी लगता हूँ, वैसे सिर्फ़ रिपोर्टर हूँ,
कभी वोट नहीं माँगे, आज़ादी के नशे में देश के
टुकड़े नहीं किये, सत्ता के सुख और सत्ता की करामात के लिए
करोड़ों लोगों के माथे पर राज्य का लोभ नहीं फोड़ा,
सिर्फ़ रिपोर्टर हूँ, सफ़ेदपोश हूँ—बस इतना ही,
असल में मैं भी उन्हीं की तरह असहाय हूँ, पराधीन हूँ, धूप का झुलसा हूँ,
शायद पेट भरा हो, पर हृदय तो इतिहास की असहाय बलि है,
एकदम निःसंबल, तिक्त, दग्ध, खरा।
स्थानीय अफ़सर की जीप और सेठ जी की नयी मोटर छोड़ देता हूँ,
क़स्बे की बस पकड़ लेता हूँ, सोचता हूँ : जैसा देश वैसा भेस, पैदल ही सही।

पैदल ही चलता हूँ, एक गाँव से दूसरे गाँव पहुँचता हूँ,
अन्न-जल के अभाव से सारे ज़िले में, सर्वत्र एक भूखी ज्वाला धधक रही है।
इधर गरमी है लगभग पश्चिमी रेगिस्तान की सी। आज भी जब ध्यान करता हूँ तो

ज्वाला तार गाये लागे । आमादेर आषाढ़ेओ वृष्टि कइ नामे !
आमादेर उठे गेछे बैशाखीर बैकालीर पाला ।

मने पड़े एकदिन, से ग्रामे उनुने
आगुन निबस्त, आगुन आकाशे तोला, आगुन माटिते ढाला ।
येते हबे पुवग्रामे, सदराला नइ नइ नायेब नवाब,
सुतरां सकालेइ यात्रारम्भ । से की माठ ! माइल माइल
अनेक शताब्दी ध'रे हाजार हाजार खुने
पृथिवीके छिंड़े छिंड़े मेरे गेछे येन,
आम-जाम-काँठाल पिपुल किछु नेइ, दीघि कुया
खालबिल मजानदी किछु नेइ ।
शुधु नीरक्त श्वेताङ्ग रौद्र ।

तृष्णार आवेगे चोख फाटे । से समये, आजओ मने पड़े,
बाँये काँटा डाङार आड़ाले हठात् मन्दिर एक देखा याय
छोट, भाङा, जनहीन । से दिकेइ चलि ।
जलेर आशाय क्षुधा आर पिपासाय छायार आशाय
ना भेबेइ ऊँकि दिइ ।

मने पड़े आजओ मने पड़े सेइ सर्वसह अन्धकार,
आश्चर्य कोमल छाया मायेर चोखेर स्निग्ध अन्धकार,
चोख देह हृदय जुड़ानो आहा कालोर आराम ।
चोखेर जीवन फेरे, देखि नग्न युगल विग्रह
वेशभूषाहीन, शुधु कष्टिपाथरेर देशी राधा आर घनश्याम,
नेइ पूजार गौरव, अथच कोथाय गन्ध
आरतिर भृङ्गारेर पाथरे स्तम्भित कोथाय सौरभ ?
वेदीर पिछने देखि बेंचे आछे कालो पाथरेर धापे
हिम अन्धकारे एका कयेकटा काठ-चाँपा
मृत्युहीन गोरोचना वाहारेर गन्धेर प्रतापे ।
आर बाँदिकेर कोणे देखि सजल माटिर एकटि कलसी मुखचापा ॥

३।५।५९

उस की ज्वाला से तपने लगता हूँ। आषाढ़ में भी हमारे यहाँ वृष्टि कहाँ !
हमारे लिए तो वैशाख की साँझ की आँधी-बौछार की बारी भी चुक गयी है।

एक दिन की बात याद आती है, गाँव के चूल्हों में
आग नहीं थी, आग आसमान में चढ़ गयी थी, आग ज़मीन पर ढल रही थी।
पूरब के गाँव जाना था, मैं न सदर था न नायब सा'ब,
इसलिए तड़के ही निकल पड़ा। क्या मैदान था, मीलों तक फैला !
मानो लगातार शताब्दियों से हज़ारों हज़ार क़त्ल कर के
कोई धरती के टुकड़े-टुकड़े कर गया हो,
आम-जामुन-कटहल-पीपल कुछ भी नहीं, कुआँ-बावड़ी
नहर-पोखर नदी-नाला कुछ भी नहीं।
केवल रक्तहीन सफ़ेद धूप।

प्यास के मारे आँखें फट रही थीं। तभी, मुझे अभी तक याद है,
बायीं तरफ़ कंटीली परती की ओट में अचानक एक मन्दिर दिखाई दिया
टूटा-फूटा, छोटा सा, जन-हीन। उधर ही चल पड़ा।
भूख-प्यास के मारे जल की आशा में छाया की आशा में
सोचे समझे बिना ही झाँकने लगा।

मन ही मन आज भी याद आता है वह सर्वसह अन्धकार,
अद्‌भुत कोमल छाया वाला वह माँ की आँखों का स्निग्ध अन्धकार,
तन-मन-आँखों को शीतल करने वाला वह काले रंग का सुख।
आँखों में जान लौटी, देखी वह नग्न युगल मूर्ति
वेश-भूषा से रहित, बस कसौटी के पत्थर से बने वे देसी राधा और घनश्याम,
पूजा की धूमधाम नहीं, फिर भी यह गन्ध कैसी
पत्थर में ठिठका यह आरती और शृंगार का सौरभ कैसा !
वेदी के पीछे देखा कि काले पत्थरों के ढेर के बीच ठण्डे अँधेरे में
कटहल-चम्पा के कुछ पौधे खड़े हैं, मानो
बहार की गन्ध का प्रताप लिये मृत्यु हीन रोली।
और बाँयीं ओर के कोने में दिखाई दी मिट्टी की एक सजल कलसी
ढँकी हुई ॥

३।५।५९

गाछ मरे

झड़े नय, जलझड़ेर अभावे
वज्रवृष्टि रुद्ध ब'ले
वृक्ष इव स्तब्ध महापुरुष स्वभावे
मारी लागे, मड़क लागाय ।
जल नय झड़ नय, अनावृष्टि अकालेर बीजे
चोरा मृत्युर मरशुमे शिकड़ेर मर्मे मर्म
माटिर अन्दरे भिजे उद्भिदेर मने प्राणे
श्मशान जागाय । के वा कारा ?
ताराइ कि लोभेर पसरा
निये याय लरिते मोटरे ट्राके भारे भारे
ये हेतु ताराइ गृध्नुर कारबारे करात चालाय,
मरा काठ चाय ।
ताइ कृष्णचूड़ा ताइ जारुल गोलमोरे
अशोक बान्दरलण्ठि पियाशाल बिजाशाले हिजलें सोंदाले
शिरीषे आकाशनिमे नाना वनस्पति महीरुहे
स्वदेश आत्मार मूर्ति
येटुकु वा प्राणेर स्वाक्षर छिल कुत्सित शहरे
येटुकु बाहार, सारापथ छेये फुले वा पल्लवे
वाम दक्षिणेर अभिराम सेतु, ताते
घुण धरे, म'रे याय, झड़े नय, जले नय
जलझड़ेरइ अभावे, विषे लुब्ध ताड़नाय
बांग्लाय एसे पड़े रुक्ष मारवाड़ ।
मरे याय सुपर्ण पिपुल,
सनातन बोधिद्रुमे मारी लागे साहारार विपुल ज्वालाय ।
एदिके रौद्रेर चोखे क्षमा नेइ,

पेड़ मर जाता है

आँधी से नहीं, आँधी-पानी की कमी से,
वज्र वृष्टि रुक जाने के कारण
महापुरुष के स्वभाव की भाँति स्तब्ध वृक्ष में
मारी लग जाती है, मौत फैल जाती है।
आँधी-पानी नहीं, अनावृष्टि और अकाल के बीज में
गुपचुप मृत्यु के मौसम में जड़ों की तहों में जो
मिट्टी के अन्दर गीले उद्भिद् के मन-प्राणों में
मसान जगा देते हैं, वे कौन हैं ?
वे ही न जो लोभ का सरंजाम
लौरियों में मोटरों में ट्रकों में ढो-ढो कर ले जाते हैं
क्योंकि वे ही लालच के धन्धे में आरा चलाते हैं
मरी हुई लकड़ी चाहते हैं।
तभी तो कृष्णचूड़ा, जारुल, गुलमोहर
अशोक बन्दरलण्ठी पियाशाल बीजाशाल ही जल गोंदाल
शिरीष, आकाशनीम की नाना वनस्पतियों महीरुहों में समायी
अपने देश की आत्मा की जो मूर्ति थी,
कुत्सित शहर में प्राणों के जो थोड़े-बहुत निशान थे,
जो थोड़ी-बहुत बहार थी, सड़कों के दायें-बाँयें फूलों-पत्तियों से
जो अभिराम सेतु छाया था, उस में घुन लग जाता है,
मौत समा जाती है, आँधी-पानी से नहीं
आँधी-पानी की कमी के ही कारण, विषम लोभ की मार से
बंगाल में रूखा मरुदेश आ धमकता है।
सुपर्ण पीपल मर जाता है,
सनातन बोधिवृक्ष में सहारा की भीषण ज्वाला की महामारी लग जाती है।
इधर धूप की आँखों में क्षमा नहीं,

रुद्रेर दाक्षिण्यहीन असह्य घृणाय शरीरे हृदये ।
राजधानी खड़गादा आँस्ताकुड़ ग्लानिर पाहाड़,
आर गाछ रोगे मरे, चोराघाये सबुज पालाय भये,
गोपन प्रभावे गाछ मरे,
झड़े नय, वज्रे वा विद्युते नय,
विद्युतेर वज्रेर अभावे ॥

१८।५।५९

रुद्र के तन-मन में समायी कृपा-हीन असह्य घृणा के मारे
राजधानी घास-फूस का घूरा, ग्लानि का पहाड़ बन गयी है,
और पेड़ रोग से मर जाता है, छुपे घाव के मारे हरियाली डर कर भाग जाती है,

गुप्त प्रभावों से पेड़ मर जाता है,
आँधी से नहीं, वज्र या विद्युत् से नहीं
विद्युत् और वज्र के अभाव से ॥

१८।५।५९

একটি বৈঠকী নাটক

মনে আছে, সেবারে বেড়াতে যাওয়া সুবর্ণরেখায় ?
পাড়ে খুব তোড়জোড়, খিচুড়ির চড়িভাতি চড়ে,
আর আমরা কয়েকজন জলে জলে এঁকে বেঁকে চলি :
স্নান গান হৈ-হৈ, হয়তো বা কারো কারো প্রেমালাপ
অন্তত চুপি চুপি নিচু গলা কিছু বলাবলি।
তোমাদেরও মনে পড়ে ?
হঠাৎ বাঁকের শেষ আর আচম্বিত অভিশাপ
বালি আর জলে ?

আজও মনে পড়ে সেই চোরাবালি থেকে কোন মতে
বিশাখা অনুপ আর সুরেশকে টেনে টেনে তোলা !
এদিকে তারা ডোবে, জল বাড়ে, ভয়ও ঘনায় স্রোতে,
নদীর ভূগোলে পৃথিবীর দীর্ঘ ইতিহাসে দৃষ্টির অতীত রসাতলে,
যাবে কি অতলে তিনজন ?

কাল তাই হল। আড্ডাটা জমেছে দিব্যি, কথা হাসি
চালাচালি, গোলদীঘির পোলো যেন,
হঠাৎ কি চোরাবালি ডাক দিলে, সমস্ত হাওয়াটা
রাগের ও ঘৃণার বিদ্যুতে হল ভারি,
অনুপের মনে হল সুরেশের মুখে ক্ষমা ভিক্ষা চাওয়াটাই
ভীষণ জরুরি, তাই উভয়ে চেঁচাল, কিংবা গলা চেপে
ছড়াল দু' জনে, অন্তত অনুপ, শ্লেষের পিচকারি;

একজন বেশি বুঝি, অন্যজন কম, বালি পাঁক জলে

बैठक में एक नाटक

याद है, उस बार जब सुवर्ण रेखा पर सैर करने गये थे ?
किनारे पर खूब हलचल थी, रेतिया पर खिचड़ी की पिकनिक,
और हम कई जने पानी में आड़े-तिरछे चल रहे थे :
स्नान-गान, हो-हल्ला, या शायद किसी-किसी का प्रेमालाप भी,
कम से कम दबी आवाज़ में गुपचुप कुछ बातचीत ।
तुम लोगों को भी याद है ?
अचानक मोड़ के छोर पर पानी और रेत का
वह चौंक-भरा अभिशाप ?

आज भी याद पड़ता है धँसती रेत से किसी तरह
विशाखा, अनूप और सुरेश को खींच-खाँच कर बाहर निकालना !
इधर वे तो डूब रहे थे, उधर पानी बढ़ रहा था, और डर भी बढ़ता जाता था कि इस रेले में
नदी के भूगोल में, पृथ्वी के दीर्घ इतिहास में, दृष्टि के परे रसातल में
तीनों के तीनों अतल में तो न समा जायेंगे ?

कल वही हुआ । खूब ज़ोरदार बैठक जमी थी, बातचीत हँसी-मज़ाक़,
सवाल-जवाब, मानो गोल सरोवर के जल में पोलो का खेल हो कि
अचानक न जाने किस धँसती रेत ने गुहारा कि सारा वातावरण
क्रोध और घृणा की विद्युत् से बैठ गया,
अनूप को लगने लगा कि सुरेश की ज़ुबान से क्षमा-याचना कराना
निहायत ज़रूरी है, इसी लिए दोनों चिल्लाये, और दोनों,
कम से कम अनूप तो ज़रूर, श्लेष की पिचकारियाँ छोड़ने लगे;

और दोनों ने एक दूसरे को रेत-कीचड़-पानी भरे रसातल में

रसातले डाक दिले। उभयेइ डोबे जड़ाजड़ि
एर हाते ओर पाये।
अथच व्यापार किछु नय आड्डार सुखेर मुखे कथा
किछु मिठा किछु खाट्टा।
सुवर्णरेखाय चला छुटिर मेजाजे सब
चलि बसि भिजि हासि आर उठि-पड़ि,
हठात् चमक हेने चोराबालि टेने धरि मृत्युर अतले।

जानि ना कि दीर्घ इतिहास छिल भालोर मन्देर
अपछन्द पछन्देर अवान्तर अचेतन
सुरेशेर अथवा—एवं अनुपेर बालि जलस्रोते,
हठात् आड्डाटा हये गेल घृणाय चौचिर,
घुर्णावर्ते रसातले येन प्राय वैप्लविक,
आलजीर वा माउमाउ, केनियाट्टा किंवा येन नागा!

सहजे कि बोझा याय व्यक्तिते व्यक्तिते केन ठिक
भालोवासा जमे गलागलि ढलाढलि, केन घृणा ज्वले
केन दप्‌क'रे रागारागि, केन कोन् जीवनविकारे प्रतिशोधे
आत्मसचेतनताइ ह'ये ओठे बेकुब बेल्लिक॥

मे, '५९

हाँक लगायी, एक ने शायद कम, दूसरे ने ज्यादा ।
एक दूसरे के हाथ-पैर पकड़ कर दोनों डूबने लग गये ।
हालाँकि बात कुछ खास न थी, बस बैठक की लच्छेदार बातचीत—
कुछ मीठी कुछ खट्टी ।
सुवर्ण रेखा की सैर, छुट्टियों के मूड में वह सब का
चलना, बैठना, भीगना, हँसना और उठना लेटना—
कि अचानक धँसती रेत का चौंका कर मृत्यु के अतल में घसीट ले जाना ।

क्या पता रेत और पानी के उस प्रवाह में सुरेश का या—
और अनूप का कैसा दीर्घ इतिहास था भलाई-बुराई,
पसन्द-नापसन्दगी का, परोक्ष और अचेतन, कि
अचानक बैठक घृणा से चौचीर हो गयी,
भँवर के चक्कर में रसातल में जाते वे मानो विप्लवी हों
अल्जीरियाई या माउमाउ, केनियाट्टा या नागा !

क्या यह समझना आसान है कि व्यक्ति-व्यक्ति के बीच
कैसे फ़ौरन प्यार हो जाता है घनिष्ठ और विह्वल, कैसे घृणा लहक उठती है,
कैसे चट से क्रोध भड़क उठता है, कैसे किस जीवन विकार प्रतिशोध को
आत्म सचेतनता ही बेवक़ूफ़ी और असभ्यता बन जाती है ।।

मई, '५९

वर्षार नदी

के बले ए सेइ नदी । चड़िभाति करेछि सकले,
पाहाड़े बालिते जले की आनन्द, कोलाहल, स्नान,
एइ तो क' मास आगे—किछुटा वा साहेबी नकले
सकले करेछि खाओया-दाओया, गीतवितानेर गान ।

हैमन्ती हरिण नदी आजके से मरिया महिष
प्रचण्ड वन्याय वन्य, नेमे आसे माथाभाङा तोड़े ।
एदिके बेंधे छे ग्राम्य पाँचटा कि छ'टा बाँशे साँको,
पाये पाये मृत्युभय । ओदिकेर बाँके चले खेया,

निरुपाय लागे, चोख क्षिप्रस्रोते येदिकेइ राखो,
डिङि छोटे लाल स्रोते, चोके बुझि समस्त बकेया !
छुटिर से मरा नदी वर्षा आज, माते शत कृषाण् मुनिष,
किंवा मजुरेरा येन दले दले कारखानार मोड़े ॥

१७।६।५९

वर्षा की नदी

कौन कहता है यह वही नदी है। अभी कुछ ही महीनों पहले
सब ने मिल कर पिकनिक की थी, पहाड़-रेत-पानी में स्नान,
कोलाहल, आनन्द का वह समाँ ! कुछ-कुछ साहबी नक़ल में
सब ने मिल कर खान-पान किया था, 'गीतवितान' के गीत गाये थे।

हेमन्त की वह हिरना नदी आज उत्तेजित भैंस है
प्रचण्ड वन्या से वन्य, सिरफोड़ वेग से छूटी आ रही है।
इधर पाँच या छह बाँसों का गँवारू पुल बँधा है,
क़दम-क़दम पर मृत्युभय। उधर के मोड़ पर नाव चल रही है,

बड़ी बेबसी लगती है, आँखें तेज़ धार में जिधर भी घुमाओ,
लाल धारा में डोंगी छूटती है, शायद सारा बकाया चुक गया ?
छुट्टियों की वह सूखी नदी आज वर्षा बन गयी है, मानो सैकड़ों किसान और
खेत मजूर उन्मत्त हो उठे हों या कारखाने के मोड़ पर मज़दूरों की टोलियाँ ॥

१७।६।५९

अन्धकारेर क्षतिओ ताके

स्वर्णलतार झोपे ज्वले याक जोनाकि पोका,
रजनीगन्धा दाँड़िये थाकुक कयेक थोका,
पाहाड़ेर आड़े पालियेछे बुझि, पालालइ वा,
विभावरी ताके दिये दाओ याके दियेछ दिवा।
अन्धकारेर आभाय से बुझि आँचल पेते
गोलापी पथेर बाँके बाँके आर सबुज क्षेते
पालियेछे ऐ येखाने नीरव सन्ध्यातारा,
भाबे घरे गिये काटाबे रात्रि तन्द्राहारा।
ताहले एबारे क्षान्ति मानो हे, क्षान्ति मानो,
ग्रामेर कोथाओ आश्रय चाओ, घुमेर दानो
माटिर दाओयाय नामाओ एवं रात्रिटाके
बिलियेइ दाओ पाहाड़-पारानि पलातकाके।
दिन याके दिले कयेक क्रोशेर पाड़िर पाके
पाशापाशि दिओ अन्धकारेर क्षतिओ ताके॥

२५।६।५९

अन्धकार का आघात भी उसी को दे दो

स्वर्णलता के झाड़ में पटबीजने चमकते रहें,
रजनीगन्धा के झुण्ड खड़े हैं तो खड़े रहें,
लगता है वह पहाड़ की ओट में चली गयी है, तो जाय,
विभावरी भी उसी को दे दो जिसे दिन दिया है।
लगता है वह अन्धकार की आभा में आँचल सरकाती
गुलाबी रास्ते के मोड़ों और हरे खेतों के पार
वहाँ दूर चली गयी है जहाँ नीरव सन्ध्यातारा दीखता है,
सोचती होगी घर जा कर तन्द्राहर रात बितायेगी।
तो फिर अब तुम शान्त हो जाओ, भई, शान्त हो जाओ
गाँव में कहीं बसेरा खोजो, नींद के दैत्य को
कच्चे ओसारे में उतार दो और इस रात को
पर्वत-पारीण पलातका को ही सौंप दो।
कोसों की मंज़िल के चक्कर में जिसे दिन दे बैठे हो
अन्धकार का यह आघात भी तुम उसी को दे दो॥

२५।६।५९

মধ্যিখানে চর

মধ্যিখানে চর।
এদিকে শিশুরা খেলে বালকেরা মাতে,
অন্যদিকে জীর্ণপ্রায় খাতে
বৃদ্ধদের গঙ্গাস্নান।
মধ্যিখানে দুস্তর বছর।
এদিকে সরল প্রাণ কলকণ্ঠ গান,
নির্ভীক ও নিঃসংশয় মর্ত্যে যেন অমরার পেয়েছে সন্ধান।

মধ্যিখানে চর।
ওদিকে মৃত্যুর খাতে মরীয়া জরার
বিষঙ্গে ভঙ্গুর স্বার্থে ঘৃণাজীবী পণ্যলোভী সন্ত্রাসের স্নান,
কিছুতে মানে না নিজ অন্তিম প্রহর
কর্দমাক্ত পুণ্যে ভাবে ফিরবে বছর।

বৃদ্ধেরা নির্লজ্জ হলে মানুষের বড় অসম্মান,
লজ্জায় শুকায় নদী,
চড়ার দুপারে প'চে যায় গ্রাম ও শহর॥

৬।৭।৫৯

बीच में टापू

बीच में टापू है।
इधर शिशु खेलते हैं, बालक धुन में रमे हैं,
उधर दूसरी ओर जीर्णप्राय घाट में
वृद्धजनों का गंगास्नान हो रहा है।
बीच में दुर्गम वर्ष हैं।
इधर सरल प्राण कलकण्ठों का गान है
निर्भीक और निःसंशय मानो मर्त्यलोक में अमरता का पता पा लिया हो।

बीच में टापू है।
उधर मृत्यु के घाट पर हताश बुढ़ापे का
क्षणभंगुर स्वार्थ में डूबे घृणाजीवी पण्यलोभी सन्त्रास का स्नान है जो
किसी भी तरह मानने को तैयार नहीं कि यह आख़िरी घड़ी है
कीचड़-सने पुण्य से सोचता है दिन लौट आयेंगे।

वृद्धजनों की निर्लज्जता मनुष्य का भारी अपमान है,
लज्जा से नदी सूख जाती है,
टापू के दोनों ओर के गाँव और शहर सड़ जाते हैं॥

६।७।५९

পার্কে

পেনসন ফুরোয় পাছে, পার্কে তাই, দীর্ঘজীবী, হাঁটি নিয়মিত,
অল্পস্বল্প গল্প হয়, কেউ ভক্ত ঈশ্বরের কেউ ইংরেজের,
কংগরেজী শাসনে প্রায় সবাই হতাশ, আর লাল পীত
রুশচীনে সন্ত্রস্ত উৎসাহ, তিব্বতও শুনেছি পার্কে
ছিল ইংরেজের, এখন কারোই নয়, পঞ্চভূতের, অথবা খাস ভারতের।
মাঝে মাঝে এই সব শুনি ব'সে, তবে হাঁটা-টাই বেশি
লাঠিতে বাগিয়ে মুঠি, নিশ্বাসপ্রশ্বাস চলে টারমাক মেজের
পিঠে বাটার রবারপায়া দ্রুতপদ ফেলে, যদি পাকস্থলীটার পেশী
বার্ধক্য-বিজয়ী হয়—ইংরেজের মতো কিছুকাল,—কেউ স্ফীত, কেউ রোগা
কেউবা উপোসী নীল পিকাসোর ইহুদির মতো, কেউবা বর্তুল
যেন এঁকেছে লেজের, আপিসে অর্জিত মেদ কিংবা আড়তের,
কপালে শর্করা রোগ কারো কফপিত্তে কারো রক্তচাপে ভোগা।

ছেলেদের খেলা দেখি, জীবনের সব লক্ষ্যভেদ যেন তারা
এক ক্ষিপ্র লক্ষ্যে বাঁধে; বেশ লাগে দলবদ্ধ কিশোর আগ্রহ,
একটু বা ভয়ে দেখি, কেননা হঠাৎ বল মাঝে মাঝে ছোটে দিশাহারা,
গায়ে লাগে, এঁকে দেয় পেনসনের শার্টে কোটে পঙ্কের ভূষণ।
তার চেয়ে ঢের বেশি প্রতিদিন চোখ যায় এদিকের ঘাসে
যেখানে শিশুর মেলা, কেউ কোলে, কেউ হাঁটি-হাঁটি ক'রে হাসে,
কেউবা গাড়িতে বাঁধা, প্রচ্ছন্নগম্ভীর, অসহায়, সর্বংসহ

पार्क में

कहीं पेन्शन ख़त्म न हो जाये इसी लिए दीर्घजीवी मैं पार्क में नियम से टहलता हूँ,
थोड़ी-बहुत बातें होती हैं, कोई ईश्वर का भक्त है तो कोई अँगरेज़ों का,
कांग्रेसी शासन से प्रायः सभी हताश हैं, और लाल-पीत रूस-चीन के प्रति
सन्त्रस्त उत्साह, तिब्बत भी पार्क में सुना है अँगरेज़ों का ही था,
अब किसी का नहीं है, या तो पंचभूतों का है या खास भारत का।
बैठा-बैठा यही सब सुनता रहता हूँ, फिर भी टहलना ही मुख्य है
मुट्ठी में छड़ी थामे, बाटा के रबड़ के जूते पहने सीमेण्ट के फ़र्श पर
तेज़ क़दम रखने से साँस तेज़ हो जाती है, शायद आमाशय की पेशियाँ
बुढ़ापे पर विजय पा लें—अँगरेज़ों की तरह कुछ समय के लिए—, कोई फूला, कोई मरियल
और कोई पिकासो के नीले यहूदी की तरह भुखमरा, कोई दुम की तरह
गोलाई आँकता, दफ़्तर में कमाई हुई चर्बी या आढ़त की,
किसी की तक़दीर में मधुमेह है, कोई कफ-पित्त भोग रहा है कोई रक्तचाप।

लड़कों का खेल देखता रहता हूँ जीवन के सारे लक्ष्यभेद मानो उन्होंने
एक क्षिप्र लक्ष्य में बाँध लिये हों, अच्छा लगता है यह दलबद्ध किशोर आग्रह,
कुछ-कुछ डर भी लगता है, क्योंकि अचानक बीच-बीच में गेंद ग़लत दिशा में छूट पड़ती है,
और शरीर से लग कर पेन्शन वाली शर्ट-कोट पर कीचड़ का शृंगार आँक देती है।
उस से कहीं ज़्यादा नज़र रोज़ इधर की घास पर जाती है
जहाँ बच्चों का मेला रहता है, कोई गोद में, कोई पाँव-पाँव चलता हँसता हुआ,
और कोई गाड़ी में बँधा, प्रच्छन्न गम्भीर, असहाय, सर्वंसह,

सबाइ प्रज्ञाय स्वच्छ, येन भारतेर जीर्ण दीर्घ इतिहासे
एराइ एकाल थेके सेकालेर मोगलपाठान मौर्य वा कुशन
बहु मृत्यु देखे देखे चले याय अनाहत खेलार प्रत्यये
भविष्यते, या एदेर वर्तमान, एरा यार पुष्टि ओ पूषण।
एइ सब फुल-फुल शिशुदेर प्रतिदिन प्रत्येक हृदये
सर्वदाइ जन्मदिन, पृथिवीर मानुषेर प्रत्येकटि मन
रूपान्तर पाय एइ जन्मे, मृत्यु हय पूर्णतार पाका फल
स्वाभाविक, नियमित, निष्कलङ्क मृन्मये चिन्मये ।।

२०।७।५९

सब के सब प्रज्ञा से स्वच्छ, मानो भारत के दीर्घ-जर्जर इतिहास के
मुग़ल-पठान, मौर्य या कुषाणों के काल से ले कर अब तक ये ही
बार-बार मृत्यु देखते-देखते अनाहत खेल के प्रत्यय से भविष्य की ओर
जा रहे हों, जो इन का वर्तमान है, ये जिस की पुष्टि हैं, पोषण हैं।
इन फूल जैसे शिशुओं का प्रतिदिन प्रत्येक हृदय में सर्वदा
जन्मदिन होता है, धरती के जनों में से प्रत्येक के मन को
इस जन्म में रूपान्तर मिलता है, मृत्यु पूर्णता का पका फल बन जाती है
इस स्वाभाविक, नियमित, निष्कलंक, मृण्मय चिन्मयता में ॥

२०।७।५९

नान्नुरे

जादुघरे परिषदे तर्क चले छातना वा नान्नुरे
कोथाय चण्डीर पीठ वा कोन चण्डीदास !
विश्वविद्यावैद्य हय थीसिसेर केताबे खेताबे—
आषाढ़ेर सन्ध्या मेशे वैशाखेर आकाल दुपुरे,
पदावली केंदे मरे, राधा भोले आपन कान्हुरे,
प्रेम भये देश छाड़े, भुले याय प्रेमेर तियाष ।

देखेछि गड़खाइ—पारे दीघि, सेइ धोबानि पाथर,
तामार आँधार हाते विशालाक्षी ताकिये भास्वर,
छायाङ्गी नायिका नाचे कीर्तनेर विधुर रेखाबे,
स्पष्ट शुनि गान मेघे मृदङ्गेर नक्षत्र आखर ।
एदिके काँपन लागे पापड़िर आङुले सुरे सुरे,
प्रेमेर फाँसिते खु'ले फुल फोटे विशाल बाओबारे ॥

१०।८।५९

नान्नुर में

अजायबघरों और परिषदों में बहस होती है कि चण्डीपीठ
कहाँ है, छातना में या नान्नुर में, चण्डीदास कौन थे !
थीसिसों की पोथियों और डिग्रियों से विश्वविद्यावैद्य बन जाते हैं—
आषाढ़ की सन्ध्या वैशाख की अकाल दोपहर में मिल जाती है,
पदावली रो-रो कर दम तोड़ देती है, राधा अपने कान्हा को भूल जाती है,
प्रेम डर कर देश से भाग जाता है, प्रेम की तृष्णा भूल जाता है।

मैं ने देखी है कछार के पार की वह बावड़ी, वह धोबिन का पाट,
ताम्र अँधेरे के हाथों वाली विशालाक्षी की दीप्त टकटकी,
कीर्तन के विधुर ऋषभ पर छायांगी नायिका नाचती है,
मेघ-मृदंग के नक्षत्र अक्षरों में वह गीत मुझे स्पष्ट सुनाई देता है।
इधर गीत के सुरों से पंखुड़ियों की उँगलियाँ काँप उठती हैं,
प्रेम के बन्धन खोल कर सुगन्धित वायु में विशाल फूल खिल उठता है॥

१०।८।५९

से ओ एरा

रात्रे तार जन्मलग्न
अन्धकारे से स्थिर निर्भय ।
पशुर ओ मानुषेर मर्त्यलोके प्राथमिक तार ये उद्वेग,
सद्य सेइ शिशुर विषाद, सेइ मौल निःसङ्गेर त्रास
एतइ प्रबल छिल तार, ये एखन कोनो
शौखिन संशयी भेक्,
आम्‌दानि हठात्-नवाब कोनोइ बायना
नव्यभव्य स्वार्थजात तथाकथित मनन-व्यवसायी कोनो प्रतिवाद
आवश्यिक मृत्युर वा ध्वंसेर उल्लेख
ताके आर काँदाय ना हासाय ना,
बड़जोर हयतो से बले : धिक् धिक् ।
अर्वाचीन बायसेरा ग्राम्यतार मयूर डम्बरे
सरल बाहुल्ये मात्र व्यर्थताय ताके क्लान्त करे ।

रात्रे तार जन्मलग्न ।
मातृसम अन्धकारे ताइ से निर्भीक
जन्ममृत्यु सेतुबन्धे एसेछे ताइ से निश्चित ।
नूतन जन्मेर नील प्रचण्ड विषादे
तार हयेछिल किना चैतन्येर उज्जीवन
जीवजगतेर आर मानविक सबचेये मौलिक विप्लवे,
ताइ रूपान्तरे जीवने विप्लवे निःसंशय से,
विषादउत्तीर्ण तार आशा,
अन्धकारे लक्ष-लक्ष नक्षत्र-उत्सवे
अटल आश्वासे तार मननेर लुनिक संवित ।
तार मन वा तार जीवन अनेक द्वान्द्विक मृत्यु पार हये

वह और ये

उस का जनम रात के वक़्त हुआ था
अँधेरे में वह स्थिर और निडर रहता है।
पशुओं और मानवों के मर्त्यलोक में उस का वह प्राथमिक उद्वेग,
शिशु का वह सद्य विषाद, निःसंगता का वह मौलिक त्रास
उस के मन में इतना प्रबल था कि अब कोई भी
शौक़िया संशयी भेष,
आशु-नवाबों की कोई भी इम्पोर्टेड धुन
नव्य-भव्य स्वार्थों से उत्पन्न तथाकथित बुद्धिजीवियों का कोई भी प्रतिवाद
अनिवार्य मृत्यु या ध्वंस के उल्लेख
न उसे रुलाते हैं न हँसाते हैं,
बहुत हुआ तो शायद वह कह उठे : धत्तेरे की।
आधुनिक कौए गँवारूपन के मयूरी घटाटोप से
अपनी व्यर्थता के सरल बाहुल्य के कारण उसे उबाने लगते हैं।

उस का जन्म रात के वक़्त हुआ था।
माता के समान अन्धेरे में इसी लिए वह निडर है
जन्म-मृत्यु के सेतुबन्ध पर उस का आगमन हुआ है इसी लिए वह स्थिर है।
नये जन्म के प्रचण्ड नील विषाद में
जीव-जगत् और मानवता के सब से बड़े मौलिक विप्लव में
उस के चैतन्य का उज्जीवन हुआ था न
इसी लिए वह रूपान्तर में जीवन में विप्लव में निःसंशय रहता है,
उस की आशा विषाद से परे है,
अँधेरे में लाखों सितारों के उत्सव में
उस के मनन का लूनिक अटल आश्वास में जगमगाता है।
उस का मन और उस का जीवन अनेक द्वन्द्वपूर्ण मृत्यु को पार कर के

बहु पापपुण्य बहु स्वार्थ आशा हताशार परे
करेछे जटिल यात्रा ।
ताइ तार वैदग्ध्येर भाषा, द्वन्द्वोत्तीर्ण तार मात्रा
नव्य भव्य ग्राम्य एरा बोझेइ ना—
एरा ये अजात-मृत आजओ ।
अखाद्य विलासे भरे प्राणेर मराइ
जन्ममृत्यु निये केन एदेर बड़ाइ !
एदेर गन्तव्य-अन्ते तार यात्रा शुरू
जन्मेर मृत्युर दीर्घ रूपान्तरे
आदि अन्धकार थेके
से ये ऊषाउषसीके डेके दिनरात्रि उत्तरणे बछरे बछरे
आदिम धैर्येर प्राज्ञ आलोके बेंधेछे
तार बासा ॥

१५।८।५९

नाना पापपुण्य नाना स्वार्थ आशा-हताशाओं की राह पर
जटिल यात्रा करता रहा है ।
इसी लिए उस के वैदग्ध्य की भाषा, उस की द्वन्द्वोत्तीर्ण यात्रा
ये नव्य-भव्य गँवार समझ ही नहीं पाते—
ये जो आज भी अजात—मृत हैं ।
इन के प्राणों की खत्ती अखाद्य विलास से भरी है
जन्म-मृत्यु के विषय में इन की क्या बड़ाई है !
इन की मंज़िल जहाँ ख़त्म होती है वहीं से उस की यात्रा शुरू होती है
जन्म और मृत्यु के दीर्घ रूपान्तर में
आदि अन्धकार से
ऊषा सन्ध्या को टेरता दिनरात के पार वर्ष पर वर्ष
आदिम धैर्य के प्राज्ञ आलोक में
उस ने अपना घर बनाया है ।।

१५।८।५९

दामिनी

सेदिन समुद्र फु'ले फु'ले हल उन्मुखर माघी पूर्णिमाय
सेदिन दामिनी बुझि बलेछिल :—मिटिल ना साध ।
पुनर्जन्म चेयेछिल जीवनेर पूर्णचन्द्रे मृत्युर सीमाय,
प्रेमेर समुद्रे फेर खुँजेछिल पूर्णिमार नीलिमा अगाध,
सेदिन दामिनी, समुद्रेर तीरे ।

आमार जीवने तुमि प्राय बुझि प्रत्यहइ झुलन-पूर्णिमा,
माघी वा फाल्गुनी किंवा वैशाखी रास वा कोजागरी,
एमन कि अमावस्या निराकार तोमारइ प्रतिमा ।

आमारओ मेटे ना साध, तोमार समुद्रे येन मरि
बेंचे मरि दीर्घ बहु आन्दोलित दिवस-यामिनी,
दामिनी, समुद्रे दीप्र तोमार शरीरे ।।

दामिनी

उस दिन समुद्र उमड़-उमड़ कर माघी पूर्णिमा में उन्मुखर हो गया था
उस दिन शायद दामिनी ने कहा था : साध पूरी नहीं हुई।
उस दिन दामिनी ने मृत्यु की सीमा पर जीवन के पूर्णचन्द्र में
पुनर्जन्म माँगा था, प्रेम के समुद्र में दुबारा पूर्णिमा की अगाध नीलिमा
खोजी थी, समुद्र के किनारे।

मेरे जीवन में तुम नित्य ही प्रायः झूलन-पूर्णिमा, माघी या फाल्गुनी
या वैशाखी रास या कोजागरी जैसी लगती हो।
यहाँ तक कि अमावस्या भी तुम्हारी ही निराकार प्रतिमा होती है।।

मेरी साध भी पूरी नहीं होती, मैं भी मानो तुम्हारे समुद्र में
जीता-मरता हूँ, इन आन्दोलित दीर्घ दिन-रातों में,
दामिनी, तुम्हारे दीप्त शरीर के समुद्र में ॥

প্রবীণ সারস

येखाने पाहाड़ बेंके नेमे गेछे नदीर बालिते
सेइखाने, हठात् स्तब्धता भेङे देखा हल,
एका, निष्पलक ताकालुम, चेनाअचेनाय मेशा,
वनेर ढालुते हठात् सामने देखा,
मुखे कथा नेइ, भावा-ना-भावाय
निस्तब्धता कुलकुलु करे,

कथा कि से बलेछिल ?
बलेछिल : प्रियतम, चित्त मम जीवनमृत्युर
प्रति मुहूर्तेर सूत्रे गेंथेछिल परानबँधुर
ये बाहुबन्धन, ताइ दिये याइ तोमार विस्मये,
मोरे तुमि बेंधे नाओ नीरव निर्जन वराभये ।
नाकि से बलेनि किछु ?
आमारइ हृदय नग्नताय माथा नीचु क'रे
हठात् दाँड़ाल मुखोमुखि,
महासुखी, जीवनमृत्युर विविक्त उल्लासे रभसे अवश ?

मुहूर्तेर सूत्रे बाँधा स्मृति आर स्वप्नेर पाहाड़े घेरा पाड़े

बालिचरे घासेर आभासे नाचे एकाएक
शुभ्रकेश प्रवीण सारस ॥

प्रवीण सारस

जहाँ पहाड़ तिरछा हो कर नदी की रेत में उतर गया है
वहीं, अचानक स्तब्धता भंग होने पर वह दिखाई दी थी,
अकेली, मैं अपलक ताकता रहा, परिचय-अपरिचय के बीच,
वन के ढाल पर अचानक आमने-सामने की भेंट,
ओठों में कोई शब्द नहीं, सोचने-न-सोचने के बीच
निस्तब्धता कुलबुलाती रही,

उस ने क्या कहा था ?
कहा था : प्रियतम, मेरे चित्त ने जीवन-मृत्यु के
प्रत्येक पल के सूत्र से प्राणों के बन्धु को
जिस बाहुबन्धन में गूँथ लिया था, वही तुम्हारे विस्मय को सौंपे जाती हूँ,
मुझे तुम नीरव निर्जन आशीर्वाद से बाँध लो।
या कि उस ने कुछ नहीं कहा था ?
मेरा ही हृदय अपनी नग्नता में माथा झुका कर
अचानक उस के सामने खड़ा हो गया था,
परम सुख में, जीवन-मृत्यु के विविक्त उल्लास से रभस में अवश हो कर ?

पल के सूत्र में बँधी स्मृति और स्वप्न के पहाड़ से घिरे किनारे पर

रेतीले टापू की घास के आभास में नाच रहा है
एक अकेला शुभ्रकेशी प्रवीण सारस ॥

खयेर वन

किसेर भय ? ए नय सखी अप्राकृत शहर;
कुटिल नेइ, इतर नेइ, गृघ्नु नेइ वने ।
ए शुधु वन, पाहाड़, बालि, झरनाधोया नदी,
किसेर भय ? शोनो पाखिर गान आटप्रहर,
वरा-र डाक दुपुर भर शुनते पाओ यदि
जेनो से छुटे, बेरिये याबे, रेखो ना भय मने ।

पाथर आनि, आगुन ज्वालि, काटबे भालो दिन,
या होक राँधो, बेंधो ना खोंपा, नदीते करो स्नान,
नीलाकाशेर तलाय देखो हीरार आलो क्षीण
ज्वलबे ठिक तोमार गाये ठिक्‌रे झल्‌मले ।
किसेर भय ? देहाते केउ करे असम्मान ?
स्वच्छ जले नामते पारो प्राकृत वल्कले
धारार वेगे । नाटक कोथा ? गीतिकाव्य तुमि ।
श्रोता किंवा देखार लोक शुधु एकटि जन ।

किसेर भय ? एका आकाश रौद्रे नाचे आहा रे !
तोमाके देखे । पाहाड़, नदी, बिजाशालेर वन,
तोमारइ शुधु तारिफ करे पाखिरा कत हाजारे,
एगिये चलो, पलाशदिने किछुइ नेइ भयेर,
ए तो शिमुल, रङ्ग दियेछे शालेर ऋतु बाहारे,
डाइने काँटाबने ओ शुधु तनुपर्ण खयेर ।।

२४।२।६०

खैर का वन

किस का डर है ? यह अप्राकृत शहर थोड़े ही है सखी;
वन में न कुटिल हैं, न पराये हैं, न लोलुप हैं ।
यहाँ तो बस वन है, पहाड़ है, रेत है, झरना धुली नदी है,
यहाँ किस का डर है ? आठों पहर पक्षियों का गीत सुनो,
भरी दोपहरी में अगर वराह की डकराहट सुनाई पड़े तो
समझ लो वह दौड़ता हुआ गुज़र जायेगा, मन में डर मत पालना ।

मैं पत्थर ले आता हूँ, आग जला देता हूँ, मज़े में दिन कट जायेगा,
जो कुछ हो पका लो, जूड़ा मत बाँधो, नदी में स्नान कर लो,
नीले आकाश के तले हीरे का यह महीन उजाला देखो तो
तुम्हारी देह पर बिखर कर झलमलाने लगेगा ।
किस का डर है ? देहात में क्या कोई निरादर करता है ?
प्राकृत वल्कल धारे तुम नदी की धार के स्वच्छ जल में
उतर सकती हो । नाटक कहाँ है ? तुम तो गीतिकाव्य हो ।
श्रोता या दर्शक के नाम पर बस एक ही जना है ।

किस का डर है ? एकाकी आकाश कैसा धूप में नाच रहा है !
तुम्हें देख कर । पहाड़, नदी, बीजाशाल का वन,
ये हज़ारों पक्षी सिर्फ़ तुम्हारा ही गीत गा रहे हैं,
आगे बढ़ो, इस पलाश के दिन डर की कोई बात नहीं है,
वह तो सेमल है, सुहानी बहार में शाल रंग गया है,
दाहिनी तरफ़ काँटों के वन में वह तो सिर्फ़ पत्रधारी खैर है ।।

२४।२।६०

साकसिर बाघ

ग्रामे ग्रामान्तरे शुनि महाउत्तेजना,
प्रकृत सन्त्रास ओ रटे। शहरेर सार्कासेर बाघ
पालियेछे बाघोया पाहाड़े घेरा वनेर आड़ाले।
उपद्रव प्रायइ घटे। आमरा एसेछि कयजना
बाङ्लो कुठिते, आमंत्रित ना हलेओ रवाहूत बटे।
तिन पा बाड़ाले रात्रे ठिक देड़टाय
शुनेछि से भाँटा चोख देखा याय, हिंसा ज्वाला राग
प्रचण्ड आक्रोशे ज्वले, खण्डित मुक्तिते
प्रचण्ड आक्रोशे : केनना से खाँचार सच्छल सुख चाय
पलातक अनभ्यस्त स्वाधीन अरण्ये अप्रस्तुत
फाँसिकाठे आसामीर दुर्गत दीक्षाय।

आमादेर रात्रि काटे काँटाझोपे घासेर पोकाय
केंचोय मशाय दीर्घ प्रतीक्षाय, शब्द शुनि,
शुनि आज ए ग्रामेर छागल बाछुर
शुनि काल ओ ग्रामेर मानुषेर छेलेमेये गेछे।
ताड़ा करि कयजना। च'ले याइ बहुदूर
बेछे बेछे ए झोप से झाड़। पण्डश्रम।
शहरेर सार्कासेर भूतपूर्व बाघेर दारुण चतुर खेल्,
किछुटा वा क्षुधार अभ्यासे आर किछुटा वा शखेर विकारे
येन वा से कोटिपति लोभ, येन सारा विश्वेर शिकारे
तार लोभ, तृप्तिहीन चिरदुस्थ प्रतियोगिताय।

जन्मबुनो बाघेराओ ताइ ताके भय करे।
आर आमादेर अरण्यवासेर ताइ शेष नेइ,

सर्कस का शेर

गाँव-गाँव में दूर-दूर तक सुनता हूँ भारी खलबली मच गयी है
सचमुच सन्त्रास भी छाया है । शहर के सर्कस का शेर
छूट कर शेरों वाले पहाड़ से घिरे जंगल में जा छिपा है ।
जब-तब उपद्रव होता ही रहता है । हम कई जने
बँगले में आ डटे हैं, आमन्त्रित न सही, शोर से ही खिंच आये हैं ।
चार क़दम चलते ही रात में ठीक डेढ़ बजे
कहते हैं वे गोल आँखें दिखाई पड़ती हैं, हिंसा की ज्वाला
प्रचण्ड आक्रोश से जलती है, खण्डित मुक्ति पर
प्रचण्ड आक्रोश में : क्योंकि वह पिंजड़े का निर्द्वन्द्व सुख चाहता है
फाँसी के तख्ते पर चढ़े आसामी की तरह,
वह भगोड़ा जंगल की अनभ्यस्त स्वाधीनता के लिए तैयार नहीं है ।

कँटीली झाड़ियों, घास के कीड़ों, केंचुओं और मच्छरों के बीच
दीर्घ प्रतीक्षा में हमारी रात कटती है, शोर सुनते रहते हैं,
सुनाई पड़ता है, आज इस गाँव के बकरे-बछड़े
कल उस गाँव के लड़के-लड़की चले गये ।
कई जने पीछा करते हैं । झाड़-झंखाड़ों को छानते
बड़ी दूर निकल जाते हैं । पर सारी मेहनत बेकार ।
शहर के सर्कस के भूतपूर्व शेर का यह भीषण चालाकी भरा खेल,
कुछ तो भूख की आदत के कारण और कुछ बिगड़े हुए शौक़ के लिए
मानो वह करोड़पति का लोभ हो, मानो दुनिया भर के शिकार का
उसे लोभ हो, अनबुझ बीमार होड़ में ।

जनम के जंगली शेर भी इसी लिए उस से डरते हैं ।
और इसी लिए हमारे अरण्य-वास का भी कोई अन्त नहीं,

कारण ए उपद्रव दूर करा आमादेरओ जिद, रोख, व्रत !
ताइ अन्धकारे प्रतिरात्रे आमरा कयजन थाकि छद्मवेशे,
सदाजाग्रत वीक्षाय, येमन छिलेन लेनिन स्तालिन
उनिशशो सतेरोर अक्टोबरे उद्यत प्रस्तुत,
प्राय सेइ मन निये—बड़तेइ दाओ यदि छोटर उपमा—
आमराओ चुप क'रे बसि, किंवा छुटि निःशब्द सञ्चारे,
सर्पगन्धा पाये पाये सिसु शाल सेगुनेर उदग्रीव अद्भुत
तीक्ष्ण आग्रहेर निस्तब्ध आश्लेषे, प्रकृतिर नीरव उत्साहे,
सभासमितिर चेये ढेर शक्त क्षिप्र तितिक्षाय ॥

३१।३।६०

क्योंकि इस उपद्रव को दूर करने की हमें भी ज़िद है, धुन है, व्रत है !
इसी लिए रोज़ रात के अँधेरे में हम कुछ जने छद्मवेश में रहते हैं,
चिर-जाग्रत् पहरे पर, जिस तरह उन्नीस सौ सत्रह के अक्टूबर में
लेनिन और स्टालिन उद्यत और प्रस्तुत रहते थे।
लगभग उसी भाव से—अगर छोटे की उपमा बड़े से ही दें—
हम लोग भी चुपचाप बैठे रहते हैं, या गुपचुप दौड़ लगाते हैं,
पैरों में सर्पगन्धा और शीशम, शाल, सागौन के अद्भुत उत्कण्ठ
तीक्ष्ण आग्रह के निस्तब्ध आश्लेष में, प्रकृति के नीरव उत्साह में,
सभा-समितियों की अपेक्षा कहीं अधिक कठिन क्षिप्र तितीक्षा में ॥

३१।३।६०

असमय

खुबइ भालो लेगेछिल, शरीर जुड़ाल, आर मने—
मनने परम तृप्ति टलोमलो, येमनटि हय
येदिन मेजाज जमे हिमानीर आलोकनन्दने
किंवा आर कोनो ठाटे ज'मे याय समस्त समय
आलापे झालाय एक, आलि आकबरेर दु'हाते
कठिन आतुर रौद्रे आर मुक्ताशिशिरे अक्षय।
खुबइ भालो लेगेछिल सद्यस्नात हेमन्त प्रभाते
दृष्टिते अपार शान्ति हृदयेर आत्रेगे स्वच्छता,
आकाङ्क्षार आशा स्थिर निश्चितिर प्रसन्न सओगाते।
दु'पाशे बागान चले, पथ छेये छड़ाय नम्रता
अन्तहीन आमन्त्रणे प्रकृति-मानुषे जोड़े मिले
चेये थाके स्मित साम्ये, केउ कारो मानेनि वश्यता।
खुबइ भालो लेगेछिल, नदीते बालिते बाँधा झिले
अविश्राम दोले शादा, काश झोपे, एपारे ओपारे
डाके दुटि कादाखोंचा, मने हय आहत निखिले
एखाने जीवन पाय परिणति प्रशान्त संसारे,
दुर्वह यौवन बाँचे स्वयम्भर सक्रिय मनने।
सेदिन थामिनि तबु प्रत्याशित कारो भावी द्वारे,
यदिओ परम तृप्ति पेलुम संहत देहमने,
समय छिल ना, आज असमय कार ना जीवने ?

२०।४।६०

असमय

बड़ा ही अच्छा लगा था, देह शीतल हो गयी, और मन में—
चिन्तन में परम तृप्ति लहरा गयी, ठीक जैसा तब होता है
जब मिज़ाज हिमानी के उजाले के उत्सव में टिक जाता है
या और किसी ठाठ में सारा समय आलाप से झाले तक एक
हो कर जम जाता है, अली अकबर ख़ाँ के हाथों के बीच
कठोर धातु की धूप और अक्षय तुहिन बिन्दुओं में।
बड़ी ही अच्छी लगी थी हेमन्त के सद्यःस्नात प्रभात में
दृष्टि की अपार शान्ति, हृदय के आवेग की स्वच्छता,
स्थिर निश्चिन्तता की प्रसन्न सौगात में आकांक्षा की आशा।
दोनों तरफ़ बाग़ फैला था, पथ पर नम्रता बिखर कर छायी थी,
प्रकृति और मानव का जोड़ा मिल कर अनन्त आमन्त्रण करता
स्मित साम्य में परस्पर निहार रहा था, समान और मुक्त।
बड़ा ही अच्छा लगा था, नदी पर रेत पर और बँधी झील पर
लगातार सफ़ेद रंग झूल रहा था, इस पार-उस पार काँस के झाड़ों में,
दो खंजन टेर रहे थे, लगता था मानो आहत निखिल के बीच
यहाँ जीवन प्रशान्त संसार में परिणति पा रहा हो,
दुर्वह यौवन स्वयंभर सक्रिय चिन्तन में जी रहा हो।
फिर भी उस दिन किसी प्रत्याशित के भावी द्वार पर नहीं रुका था
यद्यपि संहत तन-मन परम तृप्ति से भर गये थे,
समय नहीं था, आज किस के जीवन में असमय नहीं है॥

२०।४।६०

আলেখ্য

I, with no rights in this matter,
Neither father nor lover. —Roethke

চেনা মুখ, এইমাত্র,
আর যা, তা একাত্ম কল্পনা,
সহানুভূতির আভা, যে কম্প্র জানায়
অস্পষ্ট বাস্তব শিল্পে আত্মীয়তা পায়
পাত্রাপাত্র নির্বিশেষে হিরণ্ময় সত্যে ভরে কানায় কানায়।

দেখেছি ক'দিনমাত্র শিক্ষার্থীর শূন্য পরিচয়ে।
তারপরে দেখা শুধু দূর থেকে, উপলক্ষ-সেতুহীন
এবং দুস্তর বয়সের এপারে ওপারে।
দেখেছি চলেছে কাঁধে থলি পায়ে চঞ্চল চপ্পলে
শুনেছি কাজের মেয়ে, ঘরে দুস্থপঙ্গু বহু মুখ।

কদাচিৎ হেসেছে সে লাজুক চাউনিতে,
কখনো বা দুইহাতে তুলেছে চেনায়।
দেখেছি কয়েক মাস, হয়তো বছর,
চেনা মুখ, নিটোল মুখের ডৌল যৌবনে ভাস্বর, অথচ করুণ,
সুপ্রতিষ্ঠ অথচ প্রতীক্ষমান স্নিগ্ধ চির মেয়েলি স্বভাবে।
কদাচিৎ দু'চারটি কথা, লেখাপড়া ছেড়ে লালদীঘির লজ্জায়,
আর আমার ঘোলাটে এই কলকাতার শুকনো কানে
লেগেছে দেশজ ছন্দ প্রাণের পদ্মার সজল ধ্বনিতে।

आलेख्य

'इस मामले में मुझे कोई हक़ नहीं है,
क्योंकि मैं न पिता हूँ न प्रेमी।' —रोइकें

बस इतना ही कि चेहरा परिचित है,
और जो कुछ है वह निरी कल्पना है मेरी,
सहानुभूति की आभा, जो कम्पन में प्रकट होती है
अस्पष्ट और यथार्थ शिल्प में आत्मीयता पाती है
पात्र-अपात्र सभी को हिरण्मय सत्य से लबालब भर देती है।

बस उसे कुछ ही दिनों देखा था कोरी विद्यार्थिनी के रूप में।
उस के बाद तो उसे सिर्फ़ दूर से ही देखता रहा, उपलक्ष्य के सेतु के बिना
और दुस्तर आयु के इस पार-उस पार।
देखता रहा कि वह कन्धे पर झोला और पैरों में चंचल चप्पलें डाले चली
जा रही है,
सुनता रहा कि वह काम करती है, घर में कई बीमार अपाहिजों का पेट
भरने के लिए।

कभी-कभी वह शरमीली चितवन से मुस्करायी है,
कभी पहचान कर दोनों हाथ उठा दिये हैं।
कई महीनों या शायद बरसों उसे देखा है,
परिचित चेहरा, यौवन से भास्वर सुडौल मुख, यद्यपि करुण,
आत्मस्थ फिर भी चिर स्निग्ध नारी-स्वभाव से प्रतीक्षमान।
कभी-कभी दो-चार बातें की हैं, पढ़ाई-लिखाई से मुक्त लालपोखर की लाज से भरी,
और मेरे इस मटमैले कलकत्ते के सूखे कानों में
प्राणों की पद्मा का सजल कलकल देशज छन्द भर उठा है।

चेना मुख, कपालेर स्वच्छताय अर्धचन्द्रे आनत अलक,
स्वेदाक्त श्रावणे खोंपा किंवा बिनुनिते
अघ्राने आबार हाओया तोले देखि कुञ्चित उजाने।
एकालेर कृष्णकलि, कखनो वा देखेछि से एका नय,
सङ्गे याय एकेले युवक, परने पाजामा।

तारपर देखिनि अनेक दिन।
अथच से प्रतीक आमार मनेर पाथारे,
कारण आमिओ बटे, आमरा सबाइ यात्री
दिनरात्रि बाङ्लार मरुते कान्तारे
ताइ से कि झड़े जले खुलेछे दुयार,
च'ले गेछे आकाङ्क्षित दूर अभिसारे
अतिनिकटेर बहु मुख छेड़े एकाकीर निःसीम निष्ठाय ?

नाकि, से गियेछे तार जीवनेर शेष प्रतिष्ठाय
तिले तिले निजवासभूमे परबास छेड़े सत्तार दुर्गम तीरे
अतल समुद्रजले किंवा नील नील भिड़े
पाहाड़ेर अनन्त मिछिले ?

आमि तार दुःख सुख किंवा जानि, आमार छिल कि अधिकार ?
केन तबे शोक ?
आजइ वा कि अधिकार बलो ?
से शुधु विधुर दूर यौवनेर चेनामुख—एइ बइ किछु नय,
समस्त देशेर चेना यौवनेर हासिमुख
आर असहाय दुटि छलोछलो चोख जीवने उन्मुख।
आमि तार बाप नइ, समवयसीओ नइ॥

१।५।६०

परिचित चेहरा, स्वच्छ माथे के अर्धचन्द्र पर लोटती अलक,
स्वेद भरे सावन में जूड़ा बाँधे या चोटियाँ लटकाये
और अगहन में देखा है कि हवा में उस के कुंचित केश उड़ रहे हैं।
आधुनिक कृष्णकली, कभी-कभी देखा है कि वह अकेली नहीं है
साथ में आज कल का कोई नौजवान है, पाजामा पहने।

इस के बाद बहुत दिनों तक वह दिखाई नहीं दी।
फिर भी वह मेरे मन के सागर में प्रतिमा की तरह समायी है,
क्योंकि मैं ही नहीं, हम सभी राही हैं
दिन रात बंगदेश के रेगिस्तानों और जंगलों में,
इसी लिए क्या वह आँधी-पानी में द्वार खोल कर
आकांक्षित अभिसार में दूर चली गयी है
निकटवर्ती चेहरों को छोड़ कर एकाकी की निःसीम निष्ठा में ?

या कि वह चली गयी है अपने जीवन की अन्तिम प्रतिष्ठा के लिए
तिल-तिल कर अपनी जगह का परायापन त्याग कर सत्ता के दुर्गम तीर पर
अतल समुद्र की लहरों में या उस सुदूर नीली भीड़ में
पहाड़ों की अनन्त क़तार में ?

मैं उस का सुख-दुख क्या जानूँ, मेरा अधिकार ही क्या था ?
फिर यह शोक क्यों ?
आज ही मेरा क्या अधिकार है, बताओ ?
वह तो बस एक विधुर सुदूर यौवन का परिचित चेहरा है—इस के अलावा
कुछ नहीं,
समस्त देश का परिचित यौवन का मुसकराता चेहरा
और दो असहाय छलछलाती आँखें—जीवन को उन्मुख।
मैं न उस का बाप हूँ, न समवयसी॥

१।५।६०

बन्धुस्मृति : सुधीन्द्रनाथदत्त

ए आमार चेना नदी, उँचुनिचु, पाहाड़, प्रान्तर,
समतल पार हय नाना वैपरीत्ये, दीर्घकाल,
उत्स थेके पाड़े पाड़े—एइ मैत्री ! एइ मनान्तर !
उपले पलिते तीव्र विड़म्बित उल्लासे धिक्कारे
एकाले, एदेशे, क्षुब्ध आमादेर हाजार विकारे ।

आत्मसचेतन प्राण ताइ उटपाखिर मरुते
हाराबे उत्सेर दिशा ? अर्थहीन भूकम्पे निःस्सीम ?
ताइ दीप्र यौवनेर दीपावली हयेछे कि हिम
वैदेही नास्तिर गर्भे ? व्यक्तिरूप शून्य पञ्चभूते ?
ताइ कि मुहूर्त-तत्त्वे मुमूर्षार एत क्षिप्र ताल ?

बहु उष्ण द्विप्रहर, बहु सन्ध्या, अनेक सकाल
मने मने बेये चलि, आनि चेना चल्लिशबछर;
काने शुनि, अभिन्न मनने किंवा उच्च मतान्तरे
सानुकम्प अग्रजेर, सहकर्मी सौहार्द्येर स्वर—

अकैशोर बन्धुस्मृति प्रौढ़ एइ वद्वीपे मुखर ॥

१५।७।६०

बन्धुस्मृति : सुधीन्द्रनाथ दत्त

मैं इस नदी को पहचानता हूँ, स्रोत से निकल कर कभी ऊँचे, कभी नीचे
पहाड़ों, मैदानों और समतल पर नाना विरोधों से टकराती दीर्घकाल से
बहती आयी है—यह मैत्री ! यह कलह ! शिलाओं से जूझती
कगारों को सहलाती तीव्र क्लेश में उल्लास में धिक्कार में
यहाँ, वर्तमान में, हमारे हज़ारों क्षुब्ध विकारों में।

आत्मसचेतन प्राण क्या इसी लिए शुतुरमुर्ग़ की तरह
स्रोत की दिशा खो बैठें ? अर्थहीन निःसीम भूकम्प में ?
क्या इसी लिए यौवन की दीप्त दीपावली ठण्डी पड़ गयी है
देहहीन नास्ति के गर्भ में ? व्यक्ति का रूप शून्य हो गया है पंचभूत में ?
क्या इसी लिए क्षण के तत्त्व पर मरणेच्छा की इतनी क्षिप्र ताल है ?

बहुतेरी उष्ण दोपहर, बहुतेरी साँझ, अनेकों सुबह
मैं मन ही मन पार करने लगता हूँ, फेर लाता हूँ चीन्हे हुए चालीस वर्ष;
कानों में सुनाई पड़ने लगता है, अभिन्न मनन में अथवा उच्च मतभेद में
सानुकम्प अग्रज का, सहकर्मी सौहार्द्य का स्वर—

आकैशोर बन्धुस्मृति इस प्रौढ़ मुहाने पर मुखर है ॥

গ্রীষ্মনিসর্গ

দুদিকে বর্তুল চৈত্য,
প্রাকৃত বিজ্ঞানে গড়া পাথরে মাটিতে ।
আর অন্যদিকে করভোরু সমান-লম্বিত দুই দীর্ঘ শিলা ।
নেমে আসি সবুজ গালিচা কিংবা সবুজ পাটিতে, থাকে থাকে
যেখানে হঠাৎ রুক্ষ ভাঙা পৃথিবী রঙিলা ।
জানি না সে কোন্ চাষী দৈব পরিশ্রমে
কেটেছিল মাটি আর তুলেছিল বাঁধ, মাটির পাহাড়
জমির সৃষ্টিতে বহুদিন ধ'রে পেশীর বিক্রমে,
তারপরে হয়তো বা লেঠেল সেধেছে বাদ অথবা আইন—
কারণ, জমি যে রচনা করে জমি নয় তার ।

নেমে আসি সেইখানে ।
প্রবীণ কী কোমলতা এখানে সূর্যের,
স্নেহ ঝরে শিশিরে বৃষ্টিতে, মানবীর প্রেমে যেন,
দেবতার ছায়াময় গানে যেন
বাঁশিতে মেদুর হয়ে ওঠে বুঝি তীব্রস্বর বৈশাখী তূর্যের ।

সে কীর্তনে জেগে থাকে বৃক্ষহীন সদ্য শষ্পভূমি,
আর দুটিমাত্র খঞ্জনায় বিষাদের আখর ডোবায়;
আর শফরীউন্মুখ স্বচ্ছ বাপীটুকু, প্রায় মানুষের মতো,
গ্রীষ্মজয়ী আকাশমুকুরে মরুর বিস্ময়,
যেন বা পৃথিবী দেহ মেলে দিয়ে গ'ড়ে তোলে, দুর্গম রক্ষায়
ঢাকে জলাশয়;

ग्रीष्मनिसर्ग

दो तरफ़ वर्तुलाकार चैत्य,
प्राकृत विज्ञान के सहारे पत्थर-मिट्टी से बना हुआ।
और तीसरी ओर हाथी की जाँघों जैसी बराबर लम्बी दो शिलाएँ।
मैं उतर कर हरे ग़लीचे पर आ जाता हूँ या कि हरी पट्टी पर, चकत्तों में
जहाँ अचानक रूखी धरती रँगीली हो गयी है।
न जाने कब किस किसान ने दैवी परिश्रम से
मिट्टी काटी होगी और यह बाँध खड़ा किया होगा, मिट्टी का यह पहाड़
खेत की रचना में लगातार पेशियों के विक्रम से,
फिर शायद किसी लठैल ने झगड़ा खड़ा कर दिया होगा या मुक़द्दमा—
क्योंकि जो खेत रचता है खेत उस का नहीं होता।

मैं उतर कर वहीं आ जाता हूँ।
यहाँ सूर्य की कैसी प्रवीण कोमलता है,
शिशिर में वर्षा में स्नेह झरता है, मानो मानवी के प्रेम में,
देवता के छायामय गीत में मानो
वैशाखी तूर्य का तीव्र स्वर मेदुर हो कर बाँसुरी बन जाता हो।

उस कीर्तन में जगती रहती है वृक्षहीन सद्य हरियाली,
और बस दो खंजन विषाद के बोलों के ताल में;
और मछलियों में उभकती स्वच्छ बावड़ी, प्राय मनुष्य की भाँति,
ग्रीष्मजयी आकाश के मुकुर में मरु का विस्मय,
मानो धरती अपनी देह मिला कर रच रही हो, दुर्गम रक्षा में
जलाशय को ढक लेती हो;

आर, उषरे सूर्येर हासि प्रतीक्षाय स्मित, निःसंशय;
आर दुटि वन्यफुल फुटे थाके निर्वित्तेर शालीन शोभाय।

स्निग्ध घासे माथा राखि, आकाशे बिछाइ चोख कान।
कोथाय ये तुमि !

और ऊपर सूर्य की मुस्कराहट प्रतीक्षा में स्मित, निःसंशय
और दो बनफूल खिलते रहते हैं निर्धन की शालीन शोभा से ।

स्निग्ध घास पर सिर टेक देता हूँ, आकाश में आँख-कान पसारता हूँ
आखिर तुम कहाँ से !

এ মৃত্যুসংবাদে

এ মৃত্যুসংবাদে ঝ'রে ম'রে গেল মনের বকুল,
কাগজের কোণে—এই দ্বিতীয় মৃত্যুর।
সেবারেও মৃত্যু বটে, যখন সে, ভুল সব ভুল—
এই ব'লে চ'লে গেল, হাত ধ'রে, আরেক মিত্রের।

তবু এতদিন ছিল অস্তিত্বের অশরীরী তাপ
স্মৃতির সুগন্ধে ভরা আঁচলের হাওয়া-ঝরা ফুল।
এই মৃত্যু ঘোর মৃত্যু, পত্রপুষ্পে বিরাট বকুল
আজকে উন্মূল হল। আজ মাটি দগ্ধ অভিশাপ॥

৮।১।৬১

इस मृत्युसंवाद से

इस मृत्युसंवाद से झर कर मर गया है मन का बकुल,
अख़बार के कोने में—इस दूसरी मृत्यु के संवाद से ।
वह भी मृत्यु ही थी, जब वह, 'ग़लत है, सब ग़लत है'—
कह कर चली गयी, एक और मित्र का हाथ थाम कर ।

फिर भी इतने दिनों तक अस्तित्व का अशरीरी ताप बना हुआ था
स्मृति की सुगन्ध से भरा आँचल की हवा से झरा फूल ।
यह मृत्यु घोर मृत्यु है, पंखुरियों में बिखर कर विराट् बकुल
आज निर्मूल हो गया । आज मिट्टी दग्ध अभिशाप है ।।

८।१।६१

লণ্ঠন জ্বেলে

পাণ্ডুর চাঁদ ডুবে গেল ঐ ঊর্মিধবল নীলে,
আমার সময় অসময় একাকার;
নৈঃশব্দ্যের ঢেউ ভেঙে পড়ে ঊর্মিতরল নীলে
একটি দীর্ঘশ্বাসে।

অতল জলের অশ্রু এবং বিবর্ণ মহাকাশে
চিরকাল বুঝি ক'রে যাব পারাপার।

ভাবি অন্যথা হত কি তোমাকে দিলে!
কিছুই কি হত অন্যথা?
তাই ভাবি বিনা প্রত্যাশে,
অমাবস্যার বিবেচনা ক'রে দেখবে আরেকবার?
লণ্ঠন জ্বেলে পড়বে আমার কথা?

১৭।১।৬১

लालटेन जला कर

पाण्डुर चाँद डूब गया उस ऊर्मिधवल नील में,
मेरे दिन-रात एकाकार हो गये;
निस्तब्धता की लहर टूटी उस ऊर्मितरल नील में
एक ठण्डी साँस में बिखर गयी।

अतल जल के आँसुओं और विवर्ण महाकाश में
लगता है मैं हमेशा इस पार से उस पार आता-जाता रहूँगा।

सोचता हूँ अगर तुम्हें सौंप देता तो क्या कुछ और होता !
क्या कुछ भी और हो सकता था ?
इसी लिए प्रत्याशा किये बिना ही सोचता हूँ,
अमावस्या में क्या एक बार और विचार कर के देखेगी ?
लालटेन जला कर क्या मेरी कथा पढ़ोगी ?

१७।१।६१

येमन जेनेछे चण्डीदास वा दान्ते

उदासीन चोखे दीर्घपक्ष्म भिड़े
कार यातायात ? चिरकाल उद्‌भ्रान्ति !
चेना-अचेनाय चेतनाय कोथा क्षान्ति ?
उभवली ऐ हृदये उष्ण नीड़े
से कोन् आकाश वासा बेंधे पाय शान्ति ?

ओगो मनसिजा, तुमि ये चाइले भिक्षा
अतनुर आयु त्रिकालेर पदप्रान्ते,
से कि शुधु मनुपराशर-मापा शिक्षा ?
से कि नितान्त प्रथा-मतो ? तुमि जानते
प्रेमेर तृप्ति-अतृप्ति एकइ दीक्षा,

चिर-अस्थिर उदात्त एक शान्ति,
येमन जेनेछे चण्डीदास वा दान्ते ?

१८।१।६१

जैसे चण्डीदास या दान्ते ने जानी थी

घनी पलकों वाली उदासीन आँखों में
कौन आता-जाता रहता है ? चिरकाल उद्भ्रान्ति !
परिचय-अपरिचय में चेतना को चैन कहाँ ?
ऊर्ध्वोन्मुख इस हृदय के उष्ण नीड़ में
वह कौन आकाश घर बना कर शान्ति पाता है ?

ओ री मनसिजा, तुम ने जो भिक्षा माँगी थी
अतनु की आयु की त्रिकाल के चरणों से,
वह क्या सिर्फ़ मनु-पराशर द्वारा निर्धारित शिक्षा थी ?
वह क्या निपट प्रथा का अनुगमन था ? क्या तुम जानती थीं
कि प्रेम की तृप्ति और अतृप्ति एक सी ही दीक्षा है

चिर-अस्थिर उदात्त एक शान्ति,
जैसे चण्डीदास या दान्ते ने जानी थी ?

१८।१।६१

अन्य श्रेष्ठ कविताएँ

अनुवादक

डॉ. भारतभूषण अग्रवाल

डॉ. इन्द्रनाथ चौधरी

जगत शंखधर

जगदीश

পলায়ন

सफ़री चोखेर सरल चाहनि, चोखेर कोलेर
कालिमार माया चोख भूलियेछे—चिकन कपोल,
सिल्कमसृण शादा आर छोटो पाण्डु ललाट ।
घ्राण टानि मृदु शीतल आँधारे सुरभि चूलेर ।

स्वल्पपरिधि रक्तसूत्र सरस अधर
मुखे रेखेछि ओ वक्षे शुनेछि ग्रहदेर वेग ।
देखि मुहूर्त-बिम्बे चिरन्तनेरई छवि
उर्वशी आर उमाके पेयेछि एइ प्रेमपुटे ।

सातटि दिन ओ रात्रि एकटि कविता आमार,
प्रेमेर कविता करेछ आमाके ।
फोटाले जे फूल
शे फूल शेफालि । तीर्थयात्री हृदय आमार
आर नाहि रय ए कयदिनेर पान्थशालाय ।।

१९२८

पलायन

चपल आँखों की सरल चितवन ने, आँखों की कोरों की
कालिमा की माया ने आँखें लुभा ली हैं—चिकने गाल,
रेशम-कोमल स्वच्छ और गोरा नन्हा ललाट । मैं ने
सुगन्धित केशों के मृदुल शीतल अँधेरे में साँसें ली हैं ।

उन लाल-लाल सरस ओठों की लघु परिधि को मैं ने
ओठों से बाँधा है और वक्ष में ग्रहों की गति सुनी है ।
क्षण के बिम्ब में मैं ने चिरन्तन की छवि देखी है
उर्वशी और उमा दोनों को पाया है इस प्रेम-पुट में ।

सात दिन और सात रात मेरी एक कविता बन गये हैं
तुम ने मुझे प्रेम का गीत बना दिया है ।
                                        तुम ने जो खिलाये हैं
वे तो शेफाली के फूल हैं । मेरा तीर्थयात्री हृदय
इस दो दिन की पान्थशाला में अब और नहीं रह सकता ।।

१९२८

अभीप्सा

ए आकाश मूछे दाओ आज,
अन्धकारे रात्रि लेपे दाओ,
ज्योत्स्ना डूबिये दाओ अनिद्रार घनकालिमाय ।
दूई चोख ढेके दाओ, बातासेर व्यूह भेद करे
रात्रीर घोमटा-घेरा समुद्रेर पदक्षेपध्वनि
ढेके एशो द्रुतपदे
रुद्ध करे निश्वास आमार
शब्दहीन चरणसंचारे ।
स्थिरता-निःशब्द अन्धकारे
अनिद्रार शून्ये होक निरालम्ब आमादेर
मुखोमुखि देखा ।
पृथिवी के चूर्ण चूर्ण करे
आकाशे छड़िये एशो अन्धकारे हृदये आमार ।।

१९३१

कामना

इस आकाश को पोंछ डालो आज,
अँधेरे पर रात का लेप कर दो
चाँदनी को अनिद्रा की घनी कालिमा में डुबो दो।
आँखों को ढाँप दो, वायु का व्यूह भेद कर
रात के घूँघट में बन्द समुद्र की पदचाप दबा कर
चली आओ
मेरी साँसों को
अपनी निःशब्द चाल से रूँध कर।
स्थिरता के इस निःस्वन अँधियारे में
अनिद्रा के शून्य में निराधार
हमारा परस्पर मिलन हो।
पृथ्वी को चूर-चूर कर
आकाश में बिखराती आओ इस अन्धकार में मेरे हृदय में ॥

१९३१

उर्वशी

आमि नहि पुरुरवा । हे उर्वशी,
क्षणिकेर मरअलकाय ।
इन्द्रियेर हर्षे, जानो ग'ड़े तूलि आमार भुवन ?
एशो तूमि से भुवने, कदम्बेर रोमांच छड़िये ।
क्षणेक सेखाने थाको,
तोमार देहेर हाय अन्तहीन आमन्त्रणवीथि
घूरि ये समय नेई—शुधू तूमि थाको क्षणकाल,
क्षणिकेर आनन्द आलोय
अन्धकार आकाशसभाय
नग्नताय दीप्त तनु ज्वालिये ज्वालिये जाओ
नृत्यमय दीप्त देयालिते ।

आर रात्रि, रँबे कि उर्वशी,
आकाशेर नक्षत्रआभाय, रजनीर शब्दहीनताय
राहुग्रस्त हये रँबे बाहुबन्धे पृथिवीर नारी
परश-कम्पित देह सलज्ज उत्सुक ?
आमि नहि पुरुरवा, हे उर्वशी,
आमरण आसङ्गलोलुप,
आमि जानि आकाश-पृथिवी
आमि जानि इन्द्रधनु प्रेम आमादेर ॥

१९२९

उर्वशी

मैं पुरूरवा नहीं हूँ। उर्वशी,
मर्त्यलोक की इस क्षणिक अलका में
मैं इन्द्रियों के हर्ष से, जानती हो, अपना भुवन रचता हूँ ?
आओ, कदम्ब का रोमांच बिखरातीं तुम इस भुवन में आओ।
क्षण-भर यहाँ ठहरो,
तुम्हारी देह की इस अन्तहीन आमन्त्रण-वीथी में विचर सकूँ
हाय, इतना समय कहाँ—बस तुम क्षण-भर ठहर जाओ,
क्षण के इस आनन्द-आलोक से
अँधियारी आकाश-सभा में
नृत्यमयी दीप्त दीपावली से
नग्नता में दीप्त तनु चमका जाओ।

और रात ठहरोगी क्या उर्वशी,
आकाश की नक्षत्रसभा में, रजनी की शब्दहीनता में
राहुग्रस्त हो कर क्या बाहुबन्धन में ठहरेगी पृथिवी की नारी
परश-कम्पित देह सलज्ज उत्सुक ?
मैं पुरूरवा नहीं हूँ, हे उर्वशी,
आमरण आलिंगन-लुब्ध,
मैं जानता हूँ आकाश और पृथ्वी
मैं जानता हूँ हमारा प्रेम इन्द्रधनुष है ॥

१९२९

छेद

आमार हृदय हिम-अवज्ञाय करेछि विकल ।
काने कॅरे हाहाकार देओलिया उत्तरेर हाउया
बनेर किनारे मोर बाङ्लोर दुई खानि घरे
बानप्रस्थ वरियाछि—छिड़ियाछि तोमार शिकल ।
दुर्भिक्ष करेछि दूर—शरीर ओ हृदयेर चाउया ।
आमार हृदये आज बनानीर निस्तब्धता झरे ।

हेथा नाई अपमान व्यर्थतार ज्वाला मूर्खतार ।
हेथा नाई गान्धिजीर नाटकीय जय-अभियान,
हेथा नाई सुशोभन रूपदक्ष रवीन्द्र ठाकूर ।
एखाने आकाश आर शत-शत शालतरु-सार ।
एखाने कलकाता काने कटुकण्ठे करे नाको गान ।
अन्धकार मूर्ति तव कक्ष हते करियाछि दूर ।

प्रभातेर आलो नामे स्नानशुभ्र कुमारीर मतो,
सङ्गीहीन दिन मोर-सङ्गी शुधू बनानी बन्धूर,
सङ्गीहीन रात्रि मोर—प्रेम आर साथी मोर नय ।
मूछेछि तोमारे—(तिक्त घृण्यताय करिनि आहत,
सम्पूर्ण छेड़ेछि—चित्र एकेबारे करियाछि दूर) ।
आकाश घनिष्ट हेथा—सूर्य शून्ये अगुण्ठित रय ।
पृथिवीर स्तब्धताय डूबे गेछे पूर्वराग-सूर ।।

१९३१

विच्छेद

निर्मम अवज्ञा से मैं ने अपने हृदय को टूक-टूक कर डाला है।
उत्तर की खोखली हवा कानों में हाहाकार करती है।
वन के किनारे अपने बँगले के दो कमरों में मैं ने
वानप्रस्थ ले लिया है—तोड़ डाली है तुम्हारी जंज़ीर।
दुर्भिक्ष दूर कर दिया है—शरीर और हृदय की चाहना।
मेरे हृदय में आज बीहड़ की निस्तब्धता झरती है।

यहाँ न व्यर्थता का अपमान है, न मूर्खता का दाह।
यहाँ न गाँधी जी का नाटकीय विजय-अभियान है
न सुशोभन रूपदक्ष रवीन्द्र ठाकुर।
यहाँ आकाश है और शत-शत साल-वृक्षों की क़तार।
यहाँ कलकत्ता अपने कटुकण्ठ से गाना नहीं गाता।
तुम्हारी अन्धकार-मूर्ति मैं ने कमरे से दूर कर दी है।

सवेरे के समय उजाला स्नानधवल कुमारी की भाँति उतरता है,
संगीहीन दिन है मेरा—संगी है बस विषम बीहड़,
संगीहीन रात है मेरी—न कोई साथी है न प्रेम।
तुम्हें पोंछ डाला है—(तीखी घृणा से तुम्हें आहत नहीं किया,
पूरी तरह छोड़ दिया है—चित्र एकदम दूर कर दिया है)।
यहाँ आकाश घनिष्ठ है—शून्य में सूर्य अगुण्ठित रहता है।
पृथ्वी की स्तब्धता में डूब गया है पूर्व-राग का स्वर॥

१९३१

রাত্রিশেষে

आकाशेर दुर्गे नेई पलातका अमावस्या आज ।
समुद्रेर स्नायु आज अवसन्न—मरेछे जोयार,
तन्द्राहत पराजित पलातक ढेउयेर सओयार ।
आज आर प्रेम नय—निद्राहीन अन्धकार आज ।

चित्तेर समुद्र आज शान्त स्थिर बिम्बवती दीघि,
नक्षत्रदेयालि नेई, गोधूलीर देहहीन आलो ।
ए आलोते आमि आछि, आर आछे विश्व चार पाशे
से विश्व आमारई मूर्ति—दीर्घ छाया आमार मनेर ।

से छायाय प्रेम नेई, से छायाये जागे क्लान्त मन
निशीथ आमार मन जागे आज उग्र अन्धकारे ।
निशीथ आमार मन जागे आज उग्र अन्धकारे ।
तोमार ओ चोख आज भूले थाक तादेर भाषारे ।
स्पन्दित आमार चित्ते विधातार गर्भ-अन्धकार ॥

१९३१

रात गये

पलातका अमावस्या आज आकाश के दुर्ग में नहीं है ।
समुद्र की नसें आज सुन्न हैं—ज्वार बीत चुका है,
लहरों का तन्द्राहत सवार पराजित हो कर भाग गया है ।
आज अब और प्रेम नहीं—आज निद्राहीन अँधेरा है ।

चेतना का समुद्र आज शान्त और स्थिर बिम्बवती झील है,
नक्षत्रों की दिवाली नहीं, गोधूलि का देहहीन उजाला है ।
इस उजाले में मैं हूँ, और उस की बग़ल में विश्व है
वह विश्व मेरी ही मूरत है—मेरे मन की लम्बी छाया ।

उस छाया में प्रेम नहीं है, उस छाया में क्लान्त मन जागता है
मेरा निशीथ मन आज उग्र अन्धकार में जागता है ।
तुम्हारी वे आँखें आज भूली रहें अपनी भाषा,
मेरे चित्त में विधाता के गर्भ का अन्धकार स्पन्दित है ।।

१९३१

सोऽबिभेत्तस्मादेकाकी बिभेति

१।४।२ बृहदारण्यक उपनिषद्

मानुषेर अरण्येर माझे आमि विदेशी पथिक,
मुखोमुखि कथा बॅलि—चोखे लागे अटल प्राचीर।
विदेशी पथिक आमि एसेछि कि विधातार भूले
पृथिवीर सभागृहे, बूझि नाको भाषा जे एदेर।

प्रकृतिर बूदोयारे एसे पड़ि विदेशी बर्बर,
बर्बर जाने ना हाय ! पदे पदे करे अपराध,
कोथा लेगे जाय—सरीसृप तिक्त-फणा।
जलस्थलव्यापी भय देह मन नियत काँपाय।

नित्यकाल धरे एई—दिन काटे नित्य तृप्तिहीन,
रात्रिओ प्रशान्तिहीन—त्रिशंकू ए आमार हृदय ॥

१९३२

मैं अजनबी हूँ

[सोऽबिभेत्तस्मादेकाकी बिभेति : बृहदारण्यक उपनिषद् १।४।२]

मनुष्यों के जंगल में मैं परदेसी की तरह घूमता हूँ,
आमने-सामने बात करते समय आँखें अटल प्राचीरों से टकराती हैं।
परदेसी पथिक की तरह मैं विधाता की भूल से पृथ्वी के इस
सभा-भवन में आ पहुँचा हूँ, मैं इन की भाषा भी नहीं समझ पाता।

प्रकृति की चित्रशाला में मैं विदेशी बर्बर की तरह आ धमका हूँ,
बर्बर यह नहीं जानता और हाय, क़दम-क़दम पर ग़लतियाँ करता है,
और न जाने कहाँ से सरीसृपों के तीखे फन फुंकार उठते हैं।
जल-थल-व्यापी यह भय मेरे तन-मन को कँपाता रहता है।

हमेशा यही होता है—दिन तृप्तिहीनता में कटते हैं,
रातें भी प्रशान्तिहीन होती हैं—मेरा यह हृदय त्रिशंकु है ॥

१९३२

घुड़सोयार

जनसमुद्रे नेमेछे जोयार,
हृदये आमार चड़ा ।
चोराबालि आमि दूरदिगन्ते डाकि—
कोथाय घोड़स

दीप्त विश्वविजयी ! बर्शा तोलो ।
केन भय ? केन नीरव भरसा भोला ?
नयने घनाय बारे-बारे ओठापड़ा ?
चोराबालि आमि दूरदिगन्ते डाकि ?
हृदये आमार चड़ा ?

अंगे राखि ना कारोइ अङ्गीकार
चाँदेरर आलोय चाँचर बालि चड़ा ।
एखाने कखनो वासर हय ना गड़ा ?
मृगतृष्णिका दूरदिगन्त डाकि ?
आत्माहूति कि चिरकाल थाके बाकि ?

जनसमुद्रे उन्मथि कोलाहल
ललाटे तिलक टाना ।
सागरेर शिरे उद्वेल नोनाजल,
हृदये आधिर चड़ा ।

चोराबालि डाकि दूरदिगन्ते,
कोथाय पुरुषकार ?
हे प्रिय आमार, प्रियतम मोर !

घुड़सवार

जन-समुद्र में आयी है ज्वार,
हृदय में किन्तु मेरे बालुका-वप्र ।
मैं बालूपंक, दूर-दिगन्त तक पुकारती—
कहाँ है घुड़सवार ?

ओ दीप्त विश्वविजयी, बरछा तोलो,
भय क्यों, क्या वीर की निष्ठा भूली ?
नयनों में घनीभूत होता बार-बार उठना-गिरना ?
मैं बालूपंक, क्या दूर-दिगन्त तक पुकारती ?
मेरा हृदय क्या बालुका-वप्र ?

मैं क्या नहीं लिये अंगों पर अंगीकरण के चिह्न ?
ये बालुका-ऊर्मि चन्द्र की ज्योत्स्ना तले—
नहीं क्या मधुयामिनी थी यहाँ सजी कभी ?
नहीं क्या मृगतृष्णिका दूर-दिगन्त तक पुकारती ?
क्या मेरी ही आत्माञ्जलि चिरकाल रहेगी शेष ?

जन-समुद्र को करो उन्मथित कोलाहलपूर्ण
भाल पर अंकित करो तिलक ।
सागर की चूड़ा पर उद्वेलित लवणजल,
मेरा ही हृदय हाय, व्याधित बालू-वप्र ।

मैं बालूपंक, दूर-दिगन्त तक पुकारती
कहाँ पुरुषकार ?
हे मेरे प्रिय, प्रियतम मेरे ।

आयोजन काँपे कामनार घोर,
अङ्गे आमार देबे ना अङ्गीकार ?

हाल्का हाउयाय बल्लम उँचू धरो ।
सात समुद्र चौद्द नदीर पार—
हाल्का हाउयाय हृदय दू-हाते भरो
हठकारिताय भेङ्गे दाओ भीरु द्वार ।

पाहाड़ येखाने हाल्का हाउयाय बोने
हिमशिलापात झंझार आशा मने ।
आमार कामना छायामूर्तिर वेशे
पाये-पाये चले तोमार शरीर घेंषे
काँपे तनुवायु कामनाय थरोथरो ।
कामनार टाने संहत ग्लेसियार ।
हाल्का हाउयाय हृदय आमार धरो,
हे दूर देशेर विश्वविजयी दीप्त घोड़सोयार !

सूर्य तोमार ललाटे तिलक हाने
निश्वास केन वहितेओ भय माने !
तुरङ्ग तव वैतरणीर पार ।
पाये-पाये चले तोमार शरीर घेंषे
आमार कामना प्रेतच्छायार वेशे ।
चेये देख एइ पितृलोकेर द्वार !

जनसमुद्रे नेमेछे जोयार
मेरुचूड़ा जनहीन—
हाल्का हाउयाय केटे गेछे कबे
लोकनिन्दार दिन ।

हे प्रिय आमार, प्रियतम मोर,
आयोजन काँपे कामनार घोर ।
कोथाय पुरुषकार ?
अङ्गे आमार देबे ना अङ्गीकार ?

तप्त कम्पित कामना मेरी प्रकम्पित शून्य में,
नहीं दोगे क्या इन अंगों को अंगीकरण अपना ?

मन्द हवा में ऊँचा करो बरछा।
सात समन्दर चौदह नदी के पार—
लघु समीर से हृदय को भर लो दोनों हाथों,
दृढ़प्रतिज्ञ हो तोड़ दो भीरु द्वार।

यहाँ लघु हवा में पर्वत बुनते
हिमशिलापात, झंझा की आशा मन में।
मेरी कामना छाया मूर्ति के वेश में
पग-पग चलती सटती-छूती देह से तुम्हारी।
काँपती तनुवायु कामना से थरथर।
कामना के आकर्षण से शरीर है सघन ग्लेसियर।
थाम लो मेरा हृदय इस लघु हवा में,
हे दूर देश के विश्वविजयी दीप्त घुड़सवार!

सूर्य करता अभिषेक तुम्हारे भाल पर।
श्वास लेते भी फिर भय क्यों!
रह गया तुरंग तुम्हारा वैतरणी के पार।
पग-पग चलती सटती-छूती देह से तुम्हारी
प्रेतछाया के वेष में कामना मेरी।
यही तो सामने है देख लो पितृलोक का द्वार!

जन-समुद्र में आयी है ज्वार—
है मेरुचूड़ा जनहीन—
क्या जाने कब लघु हवा में कट गये
लोकनिन्दा के दिन।

हे मेरे प्रिय, प्रियतम मेरे,
तप्त कम्पित कामना मेरी प्रकम्पित शून्य में
कहाँ पुरुषकार?
नहीं दोगे क्या इन अंगों को अंगीकरण अपना ?

ओफेलिया

तबुओ एइ दुःसाहस । वसन्तेर सञ्चित सङ्गीत
यदि तुमि छिंड़े दाओ, भेङ्गे दाओ जियानो कुसुम,
स्रोतग यात्रार छाया फेले दाओ, दूर्वादल घूम
यदिइ ज्वालिये दाओ दीप्त लघु कैलासेर शीते,
तबुओ एइ दुःसाहस, तबु आज करे याब गान ।

तुमि येन एक परदाय-ढाका-बाड़ि
आमि अघ्रान-शिशिरे-सिक्त हाउया—
विनिद्र ताइ दिन रात घूरि घिरे ।

उदासीन देखें आकाशेर गाये मेघेरा छड़ाय सोना,
कथारा आमार गृहहारा, क'रे छायापथे आनागोना ।
हृदय तोमार द्युलोके बेंधेछे बासा ?

झोड़ो हाउया छोंड़े कालो-कालो बुनो मेघ
चैती पूर्णिमा के ।
आमि ये तोमाय भालोबासि से कि ताइ शुधु ओफेलिया ?

नयने ज्वालाओ दीपशिखा ।
आँधार एखाने जमे कालो-कालो पाथुरे पाहाड़ ।
रुदन्त वर्षार भिजा शीतवायु करे शवाहत
कृष्णवास वनानीके । शालतरु हारियेछे साड़ ।
रन्ध्रहीन आर्तनादे ए-आँधार हेडिसेर मतो
हृदय धरेछे चेपे । वह्नि तव दिक् दीपशिखा ।
तुल दाओ छिंड़े दाओ जीवनेर कृष्ण यवनिका ।

ओफ़ेलिया

फिर भी यह दुःसाहस। वसन्त का संचित संगीत
यदि तुम छिन्न-भिन्न कर दो, तोड़ डालो, जीवन्त कुसुमों को,
पल्लव छाया को फेंक दो नदी पथ के किनारे, दूर्वादल को सुला दो
यदि जला ही दो दीप्त लघु कैलास के शीत में,
फिर भी यह दुःसाहस, फिर भी आज गाता ही जाऊँगा गीत।

तुम मानो एक परदे से ढका हुआ घर हो,
मैं अगहन-शिशिर सिक्त वात—
दिन-रात चक्कर काटता तुम्हारे चारों ओर, अनिद्र।

उदासीन देखो, बादल लेपते हैं सोना आकाश की देह पर,
मेरे शब्द हैं गृहहीन, वे चढ़ते-उतरते हैं आकाश-गंगा के पथ पर।
क्या द्युलोक में बसाया है तुम्हारे हृदय ने नीड़ ?

तूफ़ानी हवाएँ फेंक मारती हैं जंगली काले बादलों को
चैती पूर्णिमा के चाँद पर।
क्या इसी लिए कि मैं तुम्हें प्यार करता हूँ, मेरी ओफ़ेलिया ?

प्रज्वलित करो अपने नयनों के दीप।
अँधेरा यहाँ घनीभूत काला-काला पथरीला पहाड़।
रोती वर्षा की भीगी शीतवायु आघात कर
कृष्णवर्ण वनों को बनाती शोक-विह्वल। शाल-तरु हो जाते निष्पन्द।
इस अन्धकार का अनवरत आर्तनाद दबोच लेता है हृदय को
हेडिस की तरह। तुम्हारी नयन-दीपशिखा से मिले अग्नि-आलोक।
उठा दो, चीर फेंको जीवन की काली यवनिका।

रात्रि रयेछे पाशे—
तुषारशीतल कठिनोज्ज्वल क्षुरधार तरवारि
रात्रिओ आमि एका ।

शरसेर शादा खामकाखुशिर मेघ—
पृथिवी पाठाय काशेर निमन्त्रण—
निर्बोध, निर्बोध ।

पद्मदीघिर पाड़े
आश्विने गाँथा गान ये आमार कुचि कुचि क'रे
भासाले निथर जले ।
आमारइ हृदय निथर गभीर नील से पद्मदीघि ।

मुखर स्रोत वहिया याय माताल अभियाने—
स्तब्ध श्वेत बालुचरेर द्वीप ।
जीवने से कि पेयेछे यति ? शान्ति तार गाने ।
आमार मन भोलाले, ओफेलिया ।

नील रहस्य नयने घनाय तार—
तुषार शिखर प्राचीरेर माझे
स्निग्ध गभीर दीघि ।

निये एले हाते ऐन्द्रजालिक माया,
श्यामल घूमेर कोमल स्वप्ने बोना ।
जेगे देखि मोर पृथिवीओ गेछे ऊड़े ।

क्रन्दसी बुझि तोमाकेइ घिरे छड़ाल धारा ।
कबे ह्रद भेङ्गे आवर्त हबे मन्दाकिनी ?
से-प्रपाते होक् आमार अप्सुदीक्षा सारा ।

मरणे दोंहे करिनि जय, जीवने वाहुडोरे

रात्रि है मेरे पार्श्व में—
तुषार शीतल कठिनोज्ज्वल तेज़ धार तलवार
रात यह और मैं एकाकी।

शरत् के श्वेत अकारण-मुदित बादल—
पृथ्वी भेजती काँस फूलों का निमंत्रण—
निर्बोध, हाँ : बड़ा निर्बोध।

पद्म-सरोवर के तट पर
आश्विन में गूँथे हुए मेरे गीतों को टुकड़े-टुकड़े कर
बहा दिया तुम ने उन्हें स्थिर पानी पर
मेरा ही हृदय स्थिर वह गहरा नीलाभ पद्म-सरोवर।

मुखर-स्रोत मत्त अभियान में बहता चलता—
स्तब्ध है श्वेत बालुचर का द्वीप।
जीवन में क्या उसे मिला विराम ? उस के गीतों में है शान्ति।
तुम ने मुझे किया है मन्त्रमुग्ध, ओ ओफ़ेलिया।

उस के नयनों में है घनीभूत नील रहस्य—
तुषार-शिखर प्राचीर के बीच
एक शीतल गहन सरोवर।

ले आयीं तुम अपने साथ ऐन्द्रजालिक कुहेलिका,
घनी नींद के कोमल स्वप्नों से बुनी हुई।
देखा जगने पर अदृश्य हो गया है वह पहचाना संसार।

स्वर्ग मर्त्य शायद तुम्हें घेर कर ही हैं प्रवाहित ?
सरोवर कब तोड़ कर आवर्त बन जायेगा मन्दाकिनी ?
उस प्रपात में होगी मेरी अप्सुदीक्षा का अन्त।

हम दोनों नहीं कर सके विजितमृत्यु को जीवन के बाहु-बल से

अतनुरति बाँधिनि आजो मोरा।
विदायरवि-रक्तालोके, शिशिर-सित भोरे
अनिर्वाण तबुओ पथे घोरा।

देवयानी ! साँझे तोमार प्रणाम माझे
क्लिष्ट आमार दिवसेर क्षमा बाजे
शापमोचनेर सुरभि सुरेर पाके-पाके—एइ साधना आमार।

मुक्ति-इशारा नयने तोमार दूरविङ्ग नभोविहार।
शान्ति-तुषार मुठिते तोमार, छड़ाओ बारेक वृष्टिधारे।
हृदय उड़ाओ आकाशे, जीवन होक तुषार।

प्रसार्पिना कुसुमे छाय, वैतरणी पाशे
छड़ाय आहा। कोमल नील घुमेर आवाहन।
लोलुप तबु द्विधाय कार आविर्भाव–आशे
प्रान्तरेर प्रान्ते चाय भिक्षु देह-मन।

उद्धत प्रेम उद्‌धृत हाते आनो।
सन्ध्या-आकाशे वैशाखी हासे
मरण-मायाके हानो।

एनेछिले बटे हासि।
मेघेर रेशमी आड़ाले देखेनि
वज्रेर याउआ–आसा।

अमरावतीर दैव प्राचीर चुरमार ह'ले मर्त्यलोकेइ !
धुमकेतु एइ विराट दाहन विश्व आमार तोमार चोखेइ
पेयेछिल तार परमागति॥

काम और रति को आज भी नहीं बाँध सके कस कर।
अस्तोन्मुख रवि के रक्तालोक में, शिशिर-सिक्त भोर में
फिर भी हम विचरण करते हैं अनिर्वाण।

देवयानी ! सूर्यास्त वेला में तुम्हारी नमित पावनता में
मेरे क्लेश भरे दिवस की क्षमा होती ध्वनित
शापमोचन के सुरभि-स्वर के हर वलय में, यही है साधना मेरी तपस्या की।

तुम्हारे नयनों में है संकेत मुक्ति का—दूर आकाश में ज्यों उड़ते विहंग,
तुम्हारी मुट्ठी में भरा शान्ति-तुषार, तुम करती वर्षा उस की एक बार
उड़े हृदय आकाश की ओर, मेरा जीवन हो जाय तुषार ।

प्रसार्पिना कुसुम हैं छाये हुए, वैतरणी के पास
करते हैं, आहा ! कोमल नील निद्रा का आह्वान।
द्विधाग्रस्त अपरितुष्ट मानव फिर भी किस अवतार की प्रतीक्षा में
निर्जन के उस पार दृष्टि है गड़ाये—लिये भिक्षुक देह और मन।

उद्धत है प्रेम, उसे उद्धृत हाथों लाओ।
सान्ध्यनील में हँसती हहराती वैशाखी
मृत्यु-मरीचिका का करो निक्षेप।

अधरों पर हाँ तुम हँसी ले आयी थीं।
मेघों की रेशमी ओट में
देखा नहीं था कभी पहले वज्र का यह संचरण।

अमरावती की दिव्य प्राचीरें चूर हो गिरीं इस मर्त्यलोक में ही !
यह धूमकेतु—मेरी दहकती दुनिया ने पायी थी
अपनी परम गति तुम्हारे नयनों में ही ॥

महाश्वेता

नयने तोमार मदिरेक्षण माया ।
स्तनचूड़ा दिलो क्षीण कँटितटे छाया ।
स्वप्न-सारथि, तोरण कि याय देखा ?
अमरलोकेर ईशारा तोमार चोखे,
क्रान्तिवलय मिलाय सुमेरुलोके ।
आज कि आमाके भूलेछ महाश्वेता ?

अमृतेर झारि मदिर ओष्टाधरे
स्मृति-विस्मृति शरतेर धारा झरे ।
आज कि आमाके भूलेछ महाश्वेता ?
शरीरे तोमार अलकनन्दा गान ।
अच्छोदनीरे कँरो तुमि येइ स्नान
स्वप्नवाणीते शिहराय क्रन्दसी ।

भास्वर तव तनुते अमृत ज्योति,
प्राणसूर्येर एकान्त संहृति
क्रान्तिवलये शिहराय क्रन्दसी ।
उत्तर करे मुद्रित वराभय,
तामसीके करो खण्डन, करो जय ।
स्वप्नसारथि, तोरण कि याय देखा ?

पश्चाते धाय मरण-चाँदेर आलो
दिगन्त-फणा, तुहिन, पाण्डु कालो ।
विस्मरणीर बालुतीर याय देखा ?

महाश्वेता

नयनों में तुम्हारे मदिरेक्षण माया ।
स्तनशिखा करती क्षीण कटितट पर छाया ।
स्वप्न-सारथि, तोरण-द्वार भी कभी दीखा है ?
अमरलोक का इंगित है तुम्हारे इन नयनों में,
क्रान्तिवलय सुमेरु लोक में होता है विलीन ।
मुझे क्या याद नहीं कर पा रही हो, महाश्वेता ?

अमृत की झारी हैं तुम्हारे ओष्ठाधर मदिर
मानो स्मृति-विस्मृति झरती शरत्-धार ।
मुझे क्या भूल गयीं महाश्वेता आज ?
हिमगिरि करता गान तुम्हारी देह में ।
निर्मल सरोवर में जब करती हो तुम स्नान
अनागत के भावी स्वप्न में सिहर उठते पृथ्वी-आकाश ।

तनु में तुम्हारे भास्वर होती अमृत ज्योति,
निविड़ आकुलता प्राण-सूर्य की ।
क्रान्ति-वलय में सिहर उठते पृथ्वी-आकाश ।
तुम्हारे उत्तर-कर में है मुद्रित अभय की वाणी,
करो खण्डित तामसी को, करो इसे जय ।
हे स्वप्न-सारथि, तोरण-द्वार भी कभी दीखा है ?

संहारक चाँद का प्रकाश करता पीछा मेरा
दिगन्त है एक नाग-फन, तुहिन-पाण्डु, कृष्णकाय ।
वैतरणी का बालूतट दिखाई देता है क्या ?

हे वीर अतनु, नाचिकेत धनु टानो,
देह-दुर्गेर रक्षाय मोरे आनो—
तोमार प्राकृत बाहुते, महाश्वेता ॥

हे वीर कामदेव, अपना मृत्युंजय धनुष खींचो,
देह-दुर्ग के भीतर मुझे सुरक्षित कर लो
अपने प्रकृत आलिंगन में बाँध लो मुझे, महाश्वेता ॥

ক্রেসিডা

স্বপ্ন আমার কবিতা,
অমাবস্যার দেয়ালি,
ধূম্রলোচন নিদ্রাহীন
মাঘ-রজনীর সবিতা।

হৃদয়ে আমার খেয়ার যাত্রী বৈতরণীর পার।
কান্তারীহীন বালুকাবেলায় চোখ পুড়ে মরে দূরে।
হৃদয় আমার ছাপিয়ে উঠেছে বাতাসের হাহাকার।

দিনগুলি তুমি তুলে নিলে অঞ্চলে।
বালুচরচারী দৃষ্টিতে ঝরে সান্নিধ্যের ধারা।
রাত্রিও চাও? শ্রাবণের ধারাজলে
মুখর হৃদয় তালীবনদীঘি কল্লোলে অবিরাম।

ক্রেসিডা! তোমার থমকানো চোখে চমকায় বরাভয়।
তোমার বাহুতে অনন্ত-স্মৃতি ক্রতুক্রতমের শেষ।
তোমাতেই করি মত্ত মরণে জয়।

মহাকাল আজ দক্ষিণ কর প্রসারে আমারই দিকে।
ভীরু দুর্বল মন!
দৈবের হাতে হাত বেঁধে যাওয়া মহাসিন্ধুর ডাকে!
সর্ব সমর্পণ!

হেলেনের প্রেমে আকাশে বাতাসে ঝঞ্ঝার করতাল
দ্যুলোকে ভূলোকে দিশাহারা দেবদেবী।

क्रेसिडा

स्वप्न मेरी कविता है,
अमावस्या की दीपावली,
धूम्रलोचन, निद्राहीन
माघ-रजनी की सविता है।

हृदय है मेरा वैतरणी के घाट का यात्री।
दूर के बालू-तट पर जा लगती हैं जलती आँखें चालकहीन।
भरे हृदय से निकलता है हवा का हाहाकार।

मेरे दिनों को तुम ने आँचल में भर लिया
मेरी बालू-तट पर विचरती दृष्टि में झरती है तुम्हारे सान्निध्य की धार।
रातें भी चाहती हो क्या ? श्रावण की जलधार में
मेरा मुखरित हृदय है तालीवन—सरोवर, अविराम कल्लोलित।

क्रेसिडा ! तुम्हारी चौंकती आँखों में है अभय-वर की आभा,
तुम्हारी बाहुओं में निःशेष होती है क्रतुकृतम् को अनन्त संसृति।
तुम में ही विजित करता हूँ मैं मत्त प्रलय को।

महाकाल ने मेरे करों में फैलाया है अपना दक्षिण कर,
रे भीरु दुर्बल मन,
भाग्य के हाथों बँधे हुए ही जाना है तुझे,
पुकारता है महासिन्धु ! कर दे सर्व-समर्पण !

हेलेन के प्रेम में समायी है अम्बर-समीर में झंझा की करताल।
द्युलोक-भूलोक में दिग्भ्रमित हैं देवी-देवता।

काल रजनीते झड़ ह्'ये गेछे रजनीगन्धा-वने ।

वैशाखी मेघ मेदुर ह्येछे सुदूर गगनकोणे
कुरुक्षेत्रे उड़ेछे हाजार रथचक्रेर धूलि ।
स्वप्न-गोधुलि डुबे गेल खर-रक्तेर कोलाहले ।

लाल मेघ ठेले नील मेघ, नीले धोंया मेघेदेर भिड़
मेघे-मेघे आज कालो कल्किर दिन ह्'ल एकाकार ।
विद्युत नेभे ईशानविषाणे, वज्रओ दिशाहारा ।
एलोमेलो पाखा झापटि' तबुओ उड़े कथा क्रेसिडार ।

भ्रान्ति आमार निये याय यदि वैतरणीर पार,
भविष्यहीन आँधार क्लान्ति काके देबो उपहार ?
तप्त मरुर जनहीनताय कोथाय से प्याण्डार ?

स्वसमुथ्थ से कोन देवतार द्विराचारी संभाषे
अमरावतीर समाहारी नारी हेलेनेर बालालोल !
आमारइ शेफाली जेवली केवल झरे जवासंकाशे

सूर्यलोकेर धाराय जेगेछे जीवनेर अङ्कुर ।
आत्मदानेर उत्सेइ जानि उज्जीवनेर आशा ।
असूर्यलोके वन्दी, कुमारी, तोमातेइ खुँजि भाषा ।

समयेर थलि शतच्छिद्र, विस्मृतिकीट काटे ।
प्राणोपासनार पूजारी ताइ तो तोमार शरण मागि ।
प्राणहन्तारा रलरोले चले ट्रयेर माठे ओ बाटे ।

उषसीआकाश धूसर करेछे मरणेर आनागोना ।
हेलेनेर बुके शवसाधनार विश्राम आर नेइ ।
आमार हृदय-घटाकाशे शुधु जीवनेर आराधना ।

कल रात रजनीगन्धा के वन में आया था तूफ़ान ।

वैशाखी-बादलों के श्यामवर्ण से रंजित है सुदूर आकाश ।
कुरुक्षेत्र में हज़ारों रथचक्रों की उड़ती है धूल ।
स्वप्न की गोधूलि डूब गयी है तप्त रक्त के रव में ।

लाल बादलों को धकेल दिया नील बादलों ने,
नीलों को पीछे हटाती है धूम्र बादलों की भीड़
इन बादलों से आज काले कल्की के दिन हुए सब एकाकार ।
शिव के विषाण ने बुझा दी बिजली, वज्र हुए दिशाहीन ।
केवल उड़ती हैं असंबद्ध पंख झटपतीं फिर भी बातें क्रेसिडा की ।

भ्रान्ति यदि ले जाये मुझे वैतरणी पार,
भविष्यहीन अन्धकार-क्लान्ति दूँगा मैं किसे उपहार ?
इस तप्तमरु की जनहीनता में कहाँ है वह पैण्डार ?

वह कौन देवता है जिस के द्विराचारी संभाष से हुआ स्वउत्थान
अमरावती की समाहारी नारी हेलेन का बालालोल ।
मेरी ही शेफालि केवल झरती है विचित्र लीला सी जपा समीप ।

सूर्यलोक की धारा में जागृत है जीवन अंकुर ।
आत्मदान के उत्स में ही है उज्जीवन की आशा ।
मैं असूर्यलोक का बन्दी, कुमारी, तुम में ढूँढ़ता हूँ भाषा ।

समय की थैली है शतच्छिद्र, कुतरता विस्मृति कीट ।
प्राणोपासना का पुजारी इसी लिए माँगता शरण तुम्हारी ।
प्राणहन्ताओं की रेलपेल चलती है ट्रॉय के मैदान में ।

ऊषसी आकाश मरण के यातायात से हो गया है धूसरित ।
हेलेन के वक्ष पर शवसाधना का नहीं और कोई अवसान ।
मेरे हृदय-घटाकाश में झंकृत है मात्र जीवन का मन्त्रोच्चार ।

ट्रयेर प्राचीर भङ्गुर केन ? कोन हेलेनेर
अमर रूपेर प्रखर आवेगे विपुल विश्व हारालो दिशा
लोकोत्तर ए-रूपसी वा केन ? लोकायतिक ए-मरणतृषा ?

जानि, जानि, एइ अलातचक्रे चक्रमण ।
सोत्प्रासपाशे बलिनाको ताइ कथा ।
क्रेसिडा ! आमार प्रचण्ड आकुलता—
जिजीविषु प्रजापतिर विभ्रमण ।

सोनालि हासिर झरना तोमार ओष्ठाधरे ।
प्राणकुरङ्ग अङ्गे छड़ाय चपल माया ।
मुखर से-गान भेंगे गेल । आज स्तब्ध तमाल ।
हाल्का हासिर जीवने कि एल फसलेर काल ?

एइ तबे भोरबेला ।
हे भूमिशायिनी शिउलि ! आर कि
कोनो सान्त्वना नेइ ?

रजनीगन्धा दियेछिले सेइ राते,
आजो तो से फोटे देखि—
मदिर अधीर राते तन्वी फूल—
रजनीगन्धा, विराग जाने ना से कि ?

दु:स्वप्नेओ प्रेम करेनि ए आशा ।
शत्रुशिविरे कुमारीर नत चोखे, मुखे, सारा शरीरे नग्न भाषा !
हे ग्रीक नागर ! ट्रॅयके हारालो आजइ !

कालेर विराट अट्टहासिर छाया
ढेके दिलो ढेके तोमारओ मरण-माया—
हे मातरिश्वा, महाशून्येर सुखे

ट्रॉय के प्राचीर भंगुर क्यों ? हेलेन के किस
अमररूप के प्रखर आवेग में विपुल विश्व हुआ दिशाहीन ?
यह सुन्दरी कैसे है लोकोत्तर ? क्यों है यह लोकोन्मुखी मरण-तृषा ?

जानता हूँ इस अलातचक्र का चक्रमण ।
श्लेष वाक्यों में इसी लिए करता नहीं बात ।
क्रेसिडा ! मेरी प्रचण्ड व्याकुलता है
शलभ का जिजीविषा-वंश विभ्रमण ।

है सुनहरी हँसी का झरना तुम्हारा ओष्ठाधर ।
प्राण कुरंग करता प्रसारित अंगों में चपल सिहरन ।
मुखर गीत वह टूट गया । आज स्तब्ध है तमाल ।
लघु हँसी के जीवन में क्या आ गया फ़सल खिलने का समय ?

यह तुम्हारी भोर-बेला !
हे भूमिसुत शेफालिके ! और क्या
सान्त्वना की कोई गुंजाइश नहीं ?

रजनीगन्धा दी थी तुम ने उस रात,
आज भी वह खिलती है—
मदिर अधीर रात का तन्वी पुष्प
रजनीगन्धा, विराग का क्या उसे पता नहीं ?

दु:स्वप्न में भी प्रेम ने नहीं सोचा यह परिणाम ।
शत्रुशिविर में कुमारी की नत आँखों में, आनन में,
सारे शरीर में, व्याप्त है यह नग्नभाषा !
हे ग्रीकनागर ! आज हो ट्रॉय को खो दिया तुम ने !

काल की विराट् अट्टहास छाया ने
ढक दिया सब, ढक दी तुम्हारी मरण-माया—
हे मातरिश्वा, इस महाशून्य के सुख में

तुड़ि दिये याइ तोमारओ प्रबल मुखे ।

तुमि भेबेछिले उन्माद क'रे देबे ?
उद्वायु आजो हयनि आमार मन
लोकायत मोर स्वेच्छावर्म लेगे
वर्शा तोमार ह'ये गेल खान्-खान् ।

बुद्धि आमार अपापविद्धमस्नाविर ।
जड़ कबन्ध अन्ध कर्म फुत्कारे करि नर्माचार
प्राक्तन-पाश्चात्त्य मागि ना, मन तुषार ।

पाहाड़ेर नील एकाकार ह'ल धूसर मेघेर स्रोते
पाँच पाहाड़ेर नील ।
वातासेरा सब बासाय पालालो मेघेर मुष्टि ह'त ।
स्तब्ध निथर सात-सायरेर बिल ।

शिवा ओ शकुनि पलातक, जानि, भाग्य तो कृकलास ।
कुरुक्षेत्रे इन्द्रप्रस्थ, परीक्षितेरइ जय ।
शरत्-माधुरी लूट क'रे फिरि, जय जय ट्रयलास !
उल्लासे गाय पाले-पाले क्रीतदास ।

विजयी राजार दानसत्रेर श्रावणप्लावने भासे
पुरजन यत गृहहीन यत बुभुक्षु भिक्षुक ।
हायनार हासि आसे स्मृतिपटे—
बेहिसाबी क्रेसिडा से !

तुमि च'ले गेले मरणमारीच मायावीर डाके मूक
बधिर ओष्ठाधरे ।
तारपरे एल रणमन्थने दूर विदेशेर नारी ।
कालो सन्ध्याय दिले श्वेतबाहु दुटि—
स्मरण तोमार हाने आजो तरवारि ॥

तानता हूँ तुम्हारे प्रबल मुख पर उपेक्षा की उँगली !

तुम ने सोचा था क्या मुझे पागल बना दोगी ?
उन्मत्त नहीं हुआ आज तक मेरा मन ।
धरा-प्रेमी मेरे मन की स्वेच्छा की ढाल से टकरा कर
तुम्हारा बरछा चूर-चूर हो गया ।

बुद्धि मेरी है अपाप-बिद्ध निःस्नायु, निर्मल ।
जकड़ बन्ध अन्ध कर्म को नर्माचार से देता हूँ झाड़ ।
कार्य-कारण की आगे-पीछे की माँग नहीं करता । मन है तुषार ।

पहाड़ का नील-धूसर मेघ की धार में हो गया विलीन
पाँच पहाड़ का गहरा नील ।
बादलों की मुट्ठी से निकल भागीं हवाएँ गृहाभिमुख ।
स्तब्ध स्थिर हैं सप्त सरोवर ।

भाग खड़े हुए हैं श्रृगाल और गिद्ध, भाग्य है बहुरूपी ।
कुरुक्षेत्र में स्थित है इन्द्रप्रस्थ, परीक्षित की ही होती है जय !
शरत् माधुरी को लूट कर वापिस आता हूँ,—जय, जय हो ट्रॉयलास की ।
उल्लसित गाते क्रीतदास गण ।

विजयी राजा के दानसत्र की श्रावण-धार में बहते हैं
कितने पुरजन, कितने गृहहीन, सारे बुभुक्षु भिक्षुक !
लकड़बग्घे की हँसी उतरती है स्मृतिपट पर—
लापरवाह क्रेसिडा वह !

तुम चले गये मरण-मारीच की पुकार पर,
मूक बधिर ओष्ठाधर तुम्हारे ।
उस के बाद रणमन्थन में से उदित हुई दूर विदेश की नारी ।
काली साँझ में फैला दीं उस ने श्वेतबाहु दोनों—
तुम्हारी याद आज भी करती मार तलवार की !

सप्तपदी

१

सोनालि लग्ने देखा ह'ये गेल
सोनाखचा बाँका रङ्गीन पथे ।
एलोमेलो दिने आनमने चलि,
चड़िनि विजये मुखर रथे ।
तबुओ छड़ाले आयत नयन;
सोनालि आकाश छड़ाले नीले ।
शाल अरण्ये ओ ऋजु शरीरे
खुँजे पाइ दूर हठात्-मिले ।
किंशुकवने ये-हासि छड़ाले,
शुधु अकारणे पुलकमयी ।
से-आकाशे देखि आपनाके छाड़ा
साधनार शेषे, क्षणिका अयि ।

२

पान्थ प्रेमेर एइ गुरुभार
तुमि छाड़ा बलो बइबे के ?
तोमार आङिना दिये भिजे याइ
द्वार खोलो बँधु ताइ देखे ।
नदीते जोयार खेया-पारापार
बन्ध हयेछे, हाट लोपाट ।
शुधु आछे मेघे वज्रआवेगे
आकाश-छड़ानो विजन वाट ।
एइ दुर्योगे घर के बाहिर,
तुमि छाड़ा बलो, बाहिर घर

सप्तपदी

१

स्वर्णिम लग्न में हुआ मिलन
स्वर्ण खचित बंकिम रंगीन पथ पर।
अस्तव्यस्त दिन में अनमना चला जा रहा था,
विजयी मुखर रथ पर बैठा नहीं था।
फिर भी तुम ने आयत नयन बिछा दिये,
आकाश में सुनहली नीलिमा फैल गयी
शाल अरण्य और ऋजु शरीर में
अचानक मिलन ने दूर का ठिकाना बता दिया।
किंशुकवन में केवल अकारण ही पुलकमयी
तुम ने हँसी बिखरा दी।
उस आकाश में अपने अतिरिक्त दिखाई पड़ीं
साधना की समाप्ति पर, क्षण भर के लिए तुम प्रेयसी।

२

पान्थ प्रेम का यह गुरुभार, कहो
तुम्हारे अतिरिक्त कर सकता है कौन वहन ?
तुम्हारे आँगन से भीगता जाता हूँ
देखते ही खोलती हो निज द्वार तुम प्रिये।
नदी में घहरायी है बाढ़,
घाट वाली नाव बन्द है मेला निःशेष।
है केवल गाँव का शून्य निर्जन पथ
बादलों और वज्र के आवेग में आकाश की ओर प्रसारित।
इस दुर्योग में, बोलो
बनायेगा कौन घर को विश्व,

केइ-बा करबे ? तोमारइ हृदय
आकाशेर नीड़, नदीर चर ।
आत्मदानेर से नील आकाशे
विराट शून्य बाँधबे के
तुमि छाड़ा बलो ? तोमारइ हृदय
थमकाइ शेषे, ताइ देखे ।

२

तोमार मनेर शुभ्र शिखरे खुँजेछि बासा
नीड़-आकाश ।
ए निरावलम्ब जनता-सागरे चुकेछे भाषा
रुद्धश्वास ।
छिन्न ढेउयेर नीलिम छन्दे चिनेछे मन
आपन सीमा ।
स्वयम्भरेर आत्मसाधना ह'ल आपन
भाँटाय ढिमा ।
अमारजनीर मदिराय नेइ नीड़-आकाश
जेनेछे मन ।
तोमातेइ पाइ प्राणसत्तार नीलिमाभास
ताइ आपन ॥

और विश्व को घर, तुम्हारे अतिरिक्त और कौन ?
तुहारा प्रेम ही है आकाश-नीड़
नदी बीच उभरा द्वीप ।
आत्मदान के उस नीलाभ में
विराट् शून्य को तुम्हारे अतिरिक्त
बोलो बाँधेगा कौन ? अन्ततोगत्वा ठहरता हूँ
तुम्हारे ही हृदय स्थल पर—पूर्ण भिज्ञता से ।

३

तुम्हारे हृदय के शुभ्रशिखर में ढूँढ़ा है स्थान
नीड़-आकाश ।
इस निरालम्ब जनसागर में बहना हुआ है समाप्त
रुद्ध श्वास ।
छिन्न लहरों के नील छन्द में पहचान ली मन ने
सीमा अपनी ।
अपनी ही दुर्बलता से मन्थर स्वयम्भर की
आत्मसाधना ।
मन ने है जाना अमा-रजनी की मदिरा में नहीं है
नीड़-आकाश ।
तुम अपने हो, इस लिए कि तुम में ही पाता हूँ
प्राणसत्ता का नीलिमाभास ।।*

× × ×

* केवल तीन पद संकलित एव अनूदित ।

ए जनतार

कत बार एल कत ना दस्यु । कत ना बार
ठगे-ठगे हॅलो आमादेर कत ग्राम उजाड़
कत बुलबुलि खेल कत धान,
कत मा गाइल बर्गीर गान,
तबु बेंचे थाके अमर प्राण
ए जनतार—
कृषाण, कुमोर, जेले, माझि, ताँति आर कामार ।

अमर देशेर माटिते मानुष अजेय प्राण,
मूढ़ मृत्युर मुखे जागे ताइ कठिन गान ।
दीर्घकालेर धाराजले जले
चेतनार पलि सानालि फसले
ए देशे बन्धु कतकाल फले ।
माटिर टान
दिके दिके ज्वले, पुड़े छारखार तानाका-सान् ।

हे बन्धु जेनो, आज जबे खोले मुक्तिद्वार,
देशे आर दशे भेदाभेद शुधु भीरुता छार ।
एइ ये प्रवीण हिन्दुस्थान
कत सभ्यता आकण्ठे पान,
असिदुर्गम लक्ष्ये प्रयाण
कत ना बार
करेछ, आज के धरेछे चेतनाखर कुठार ॥

इस जनता का

कितनी बार आये कितने डाकू । कितनी बार
ठगों ने हमारे गाँवों को दिया उजाड़,
कितने बुलबुलों के दल खा गये धान,
कितनी माताओं ने गाये 'बर्गी-गीत',
फिर भी रहा जीवित यह अमर प्राण
इस जनता का—
किसान, कुम्हार, मछेरा, माझी, जुलाहा और लुहार ।

इस अमर देश की मिट्टी में मनुष्य है अजेय प्राण,
मूढ़ मृत्यु के स्वर में जगता इसी लिए अक्षुण्ण गान ।
यहाँ दीर्घकाल से बहते धाराजल पानी, और
चेतना की मिट्टी में खिलती है स्वर्ण-वर्ण फ़सल,
इस देश में, दोस्त, उगती है वह कितने अपार-स्वप्नों के बीच ।
जब कि तपी धरती के आकर्षण से
अनाचार की अग्नि से लाल, भस्म कर दिया है उस ने तानाका-सानों को ।

याद रखो, अय मेरे दोस्त, आज जब खुलता मुक्तिद्वार,
देशों में, लोगों में, भेदाभेद केवल भीरुता, बेकार ।
यह जो प्रवीण हिन्दुस्तान
कितनी सभ्यता का किया है आकण्ठ पान,
असि-दुर्गम लक्ष्य की ओर किया है प्रयाण
पता नहीं कितनी बार
किया है प्रयाण, आज उठाया है विरोध में
उसी ने ही चेतना-खर-कुठार ।।

মফস্বলে

চাষীরা ফিরেছে ঘরে, শূন্য ক্ষেতে, খামারে ইঁদুর,
সোনালি সূর্যাস্ত শেষ, গোধূলির বিচ্ছিন্ন বিষাদ
পাহাড়ে জমাট, ছোটো নদীপথে গ্রামের বধুর
রোমাণ্টিক ছবি নেই, থেমে গেছে গানের নিখাদ।
পাহাড়ের দিকে উড়ে শব্দময় অদৃশ্য বাদুড়।
বাঙ্লোয় ব'সে একা, নামহীন প্রত্যাশাবিধুর।

সামনে ছড়ানো রাত্রি, অন্তহীন অন্ধকারে নীল
অস্পষ্ট আলোকসত্তা, অন্ধকারে মরমী মূর্ছনা
আঘাতে-আঘাতে প্রেমে প্রচ্ছন্ন বিলাসে হানে মিল,
সংহত পুলকে হানে নক্ষত্রের কতই গুচ্ছ না!
সামনে রাত্রির নীলে ছেয়ে যায় বিরাট নিখিল,
এ-বিরাটে নিঃসঙ্গের ডুবে যাওয়া বুঝিবা তুচ্ছ না!

নিঃসঙ্গ স্বার্থের রাত্রি মিশে যায় বাহির বিরাটে।
আকাশে-আকাশে দেশে-দেশান্তরে দিন-রাত্রি রটে
দরিদ্র ব্যর্থের গ্লানি অন্ধকারে স্তিমিত আভায়।
পরিপূর্ণ জীবনের রক্তপ্লুত বিচ্ছিন্ন নিশান।
স্বপ্নেরা মরিয়া ভয়ে দীপাবলী কখন নিভায়—
জেগে থাকে স্মিতনেত্র নীলকণ্ঠ নির্মম ঈশান॥

मुफ़स्सल में

खेतिहर घर लौट आये खेतों से, शून्य खेतों में घूमते चूहे
स्वर्णिम सूर्यास्त हुआ समास, गोधूलि का विच्छिन्न विषाद
प्रस्फुटित सघन पहाड़ पर, छोटे नदीपथ पर ग्राम-वधू की
रोमानी तसवीर पड़ती नहीं दिखाई, रुक गया है गीत-निषाद।
पहाड़ की ओर फड़फड़ाते उड़ते हैं अदृश्य चिमगादड़।
बँगले में बैठा हूँ अकेला, किसी नामहीन प्रत्याशा में डूबा।

सामने फैली हुई है रात, अन्तहीन अन्धकार में नील।
अस्पष्ट आलोक सत्ता है अन्धकार में उच्छ्‌वसित—करती है
गीत-वितान की गूँजती मूर्च्छना से आघात पर आघात, और
निक्षेपित करती है तारक-गुच्छ प्रच्छन्न आनन्द-विलास में मग्न !
सामने फैली नीलाभ रात्रि में विराट् निखिल हो जाता है विलीन
और निःसंगता डुबो लेती है मुझे अपनी प्रत्यक्ष विराटता में !

मेरी निःसंग स्वार्थ की रात इस बहिर्विराट् में होती विलीन।
जहाँ देश-देशान्तर के आकाश में दिन-रात फैलती
दरिद्र व्यर्थता की ग्लानि, अन्धकार स्तिमित आभा में।
परिपूर्ण जीवन का रक्त-पूर्त विच्छिन्न निशान।
मेरे हताशा-स्वप्न भय से तारक ज्योति को कर देते हैं मन्द—
जागता रहता केवल स्मितनेत्र नीलकण्ठ निर्मम ईशान।।

भारतीय विमानवाहिनी—(वेनुर जन्य)

कैशोरेर घोर
एखनो छड़ानो चोखे ।
जीवनेर स्वप्नलोके
अविश्राम आनागोना तार;
अवज्ञाकठोर
मृत्युर स्वार्थेर द्विधा
जाति, वर्ण, श्रेणी—यत हिसाबीर विविध कौशले
ठग् आर वणिकेर दले
ताके तो टानेनि ।
प्राणेर उल्लासे
ताइ तो से भासे अखण्ड आकाशे,
सत्तार सुनीले तार मुक्त आनागोना ।
मृत्यु आज आत्मघाती मृत्तिका-विलासे ।
प्राण तार स्वतइ उद्‌भासे,
मेघ ह'ते मेघान्तरे उन्मुखर यात्रा तार;
सूर्य जाने मात्रा तार, सूर्य हाने गाये तार
उल्लसित लावण्येर भयशून्य सोना ।
से कि जाने, किशोर कुमार,
नव-जीवनेर आशा अङ्कुरित आकस्मिकताय
इयतो-वा अन्ध अपघाते ?
से कि जाने स्वेच्छावरे प्रेय आज श्रेय ?
मृत्युहीन चिदम्बरे से तो जाने आदिगन्त
जीवनेर अनिर्वाण गति,
से किशोर वीर !
भङ्गुर दुःखेर स्तूपे

भारतीय विमानवाहिनी—(वेनु के लिए)

कैशोर का नशा
अभी तक आँखों में है फैला।
जीवन के स्वप्नलोक में
निरन्तर है उस का आना-जाना,
कठोर मृत्यु
अपनी स्वार्थ भरी द्विविधा लिये—
विभिन्न जाति, वर्ण, श्रेणी के सब सतर्क लोगों के विविध कौशल के बीच
नहीं खींच ले जा सकी उसे
ठग और व्यापारियों के दलों में।
प्राणोल्लास से
इसी लिए वह तैरता अखण्ड आकाश में,
अपनी सत्ता के सुनील में है उन्मुक्त उस का आना-जाना।
मृत्तिका-विलास में आज जब मृत्यु है आत्मघाती,
प्राण है उस का स्वतः उद्भासित,
मेघ से मेघान्तर तक उन्मुखर है उस की यात्रा;
जानता है केवल सूर्य उस की यात्रा की माप, फैलाता है वह शरीर पर
उल्लसित लावण्य का भयशून्य स्वर्ण।
वह किशोर कुमार, जानता है क्या,
नवजीवन की आशा अंकुरित होती है आकस्मिकता में ?
अथवा, शायद अन्ध-अपघात में ?
वह क्या जानता है कि उस के स्वेच्छावरण से ही प्रेय आज श्रेय है ?
अपने मृत्युहीन चिदम्बर में वह जानता है
आदिगन्त जीवन की अनिर्वाण गति,
किशोर, वह वीर !
भंगुर दुख के स्तूप पर अपने हाथों से

नूतन चेतनाचैत्य रचना करे कि दुइ हाते,
विप्लवी पाखाते, सोनालि ईगल तार,
चोखे सूर्य, पाये तार कर्णफुलि मौन, इरावती
प्रतीक्षाय स्थिर ?

रचता है वह नया चैतन्य चैत्य,
पंखों में क्रान्ति, स्वर्ण सुपर्ण पर आसीन,
उस की आँखों में सूर्य, पैरों में है नदी कर्णफूलि मौन,
ईरावती बहती प्रतीक्षा में स्थिर !

सात भाइ चम्पा

चम्पा तोमार मायार अन्तनेइ
कत ना पारूल राङ्गानो राजकुमार
कत समुद्र कत नदी पार !
विराट बाङ्गला देशेर कत ना छेले
अवहेले सय सकल यन्त्रणाइ —
चम्पा कखन जागबे नयन मेले ।

चम्पा, तोमार प्रेमेइ बाङ्गला देश
कत ना शाङ्गन रजनी पोयालो बलो ।
गौरी श्रृंग माथा हेंट टलोमलो,
निषिद्ध देशे दीपङ्करेर शिखा
चीने ज्वले, हय मङ्गोलियार लेखा,
चम्पा, तोमाय चिनेछिल सिंहलओ ।

तोमाके खुँजेछे जानो कि कृषके नृपे
अश्वेर खुरे लाङ्गलेर फला टेने
हातुड़िर घाये, कास्तेर बाँका शाने,
भाटियाली गाने, कपिलमुनिर द्वीपे;
कलिङ्गे आर कङ्कणे गुर्जरे
चम्पा, तोमार सात भाइ गान करे ।

श्याम-कम्बोज तारा बुझि टाने दाँड़,
नीलकमलेर देशे रेखे आसे हाड़
बहु चाँद बहु श्रीमन्त सदागर,
चम्पा, तोमारइ पारूल मायार लोभे

सात भाई चम्पा

चम्पा तुम्हारे स्नेह का अन्त नहीं,
पता नहीं कितने पाटलवर्ण राजकुमार
करते आये कितने नदी-समुद्र पार।
विराट बाङ्ला देश के कितने लड़के
अवहेलित सहते यन्त्रणा सब
चम्पा जागेगी कब, कर प्रसारित नयन।

चम्पा, तुम्हारे प्रेम में ही बाङ्लादेश ने
बितायीं पता नहीं कितनी सावन रातें।
गौरीश्रृंग नतमस्तक चल-विचल,
निषिद्ध देश में जलती शिखा दीपंकर की
चीन में जलती, मंगोलिया में फैलती;
चम्पा, तुम्हें पहचाना था लंका ने भी।

जानती हो तुम्हें ढूँढ़ते कृषक नृप
अश्व की टापों में, हलकी जोत में,
हथौड़ी की चोट में, हँसिया की बाँकी धार में,
भाटियाली गीत में, कपिलमुनि के द्वीप में,
कलिंग और कोंकण गुजरात में
चम्पा, तुम्हारे सातों भाई गाते गीत।

श्याम-कम्बोज में शायद वे चलाते नौका,
नीलकमल के देश में रख आते अस्थियाँ,
बहुत से चाँद, बहुत से श्रीमन्त सौदागर
चम्पा, तुम्हारे ही पाटल स्नेह के लोभ से

बाहिरके घर आपनके करे पर,
बलि हासे, आसे यवद्वीपेर साड़ ।

तोमार बाहुर निर्देश देखे क्षोभे
कत प्राण गेल, कतजना निशि डेके
अन्ध आवेगे वैतरणीते डोबे ।
चम्पा, तोमार अविनश्वर प्राण
ए कोन हिरणमायाय रेखेछ ढेके,
खुले दाओ मुख, रौद्रे ज्वलुक गान ।

कड़िर पाहाड़े चम्पा, तुमि तो नेइ,
काञ्चनमाला जाने ना तोमार खेइ;
तबुओ तोमाय खुँजे मरे सारा देश—
घोचाओ चम्पा, दुस्थ छद्मवेश,
ए माह भादरे भरा बादरेर शेषे
चकिते देखाओ जनगणमने मुख—
मुक्ति ! मुक्ति ! चिनि से तीव्र सुख,
सात भाइ जागे, नन्दित देश-देश ।।

विदेश के घरों में अपने को बनाते पराया
बाली हँसता, यवद्वीप में फैलती संचेतनता ।

तुम्हारी बाहु के निर्देश पर क्षोभ से
कितनों के प्राण गये, कितने ही रात की हाँक पर
अन्ध-आवेग में वैतरणी में डूब गये ।
चम्पा, अविनश्वर प्राण को तुम ने
किस मृगतृष्णा से रखा है आवृत,
हटा दो आवरण धूप में जलते रहें गीत

कौड़ियों के पहाड़ में, चम्पा, तुम तो नहीं हो
कांचनमाला को तुम्हारा पता नहीं
फिर भी ढूँढ़ती मारी-मारी फिरती सारे देश में—
चम्पा हटा दो, यह जीर्ण छद्मवेश,
इस भराभर भादों में, भरी वर्षा के अन्त में,
क्षण भर के लिए दिखाओ जनगणमन को अपना मुख ।
मुक्ति, मुक्ति ! परिचित हूँ उस तीव्र सुख से,
जाग जायें, सातो भाई नन्दित हों देश-देशान्तर ॥

मौभोग

जन्मे तादेर कृषाण शुनि कास्ते बानाय इस्पाते,
कृषाणेर बउ पँइछे बाजु बानाय।
यात्रा तादेर कठिन पथे राखिबाँधा किशोर हाते—
राक्षसेरा वृथाइ रे नख शानाय।

नीलकमलेर आगे देखि लालकमल ये जागे,
तैरी हाते निद्राहारा एकक तरोयाल,
लाल तिलके ललाट राङ्गा, उषार रक्तरागे
—कार एसेछे काल ?

चोर-डाकाते मुखोश परे, राक्षसेरा छाड़े
चोराइ माल, ढाके कालो कानाय।
मरिया यत रानीर ज्ञाति कङ्काली पाहाड़े
मड़क-पूजा नरबलिते जानाय।

एदिके उड़े लालकमलेर नीलकमलेर हाते
भायेर मिले प्राणेर लाल निशान।
तादेर कथा हाउयाय, कृषाण कास्ते बानाय इस्पाते
कामारशाले मजूर धरे गान॥

मधु भोग

जन्म से ही किसान गढ़ता हँसिया इस्पात से,
उस की बहू बनाती पहुँची और बाजूबन्द।
कठिन पथ पर चलना उन्हें पड़ता
किन्तु राखी बँधी होती किशोर कलाई में उन की
व्यर्थ ही राक्षस करते तेज़ नाख़ून।

देखता हूँ, नीलकमल से पूर्व लालकमल जाग्रत् हुआ,
थमी है जगे-हाथों एक-एक तलवार।
लाल तिलक से शोभित ललाट, उषा के रक्त-राग में,
—आ पहुँचा काल किस का?

चोर-डाकू ओढ़ लेते नक़ाब, दानव छोड़ देते
उचकाया माल, कालिमा उफनने लगती
हताश हो, रानी के गण, कंकाल के शिखरों पर
देते हैं नरबलि, पूजा करते महामारी की।

इधर देखो, लालकमल, नीलकमल की भुजाओं में
जीवन की रक्त-पताका फहराने लगी,
भ्रातृभाव फैल उठा।
गूँजने लगी सर्वत्र उन की गाथा।
किसान गढ़ता है हँसिया इस्पात से,
मजूर गाते हैं मिल कर कलों में, कारख़ानों में॥

छड़ा : लालतारा

जन्मे तोमार उठेछिल लालतारा,
बाहु तुलेछिल मृत्तिका अम्लान,
आकाशे आकाशे उच्चैश्रवा ह्लेषा
कालपुरुषेरा धरेछिल एक तान ।

रुद्रेर हासि प्रेमेर वह्नि उमार
तोमार बाहुते मुद्राय टलोमलो
तोमाय जाने ना एरा तो केउ कुमार !
कत राक्षसी माया ना छड़ाय बलो ।

बाधाक् दाङ्गा, राङ्गाक् रक्ते माटि,
गर्दान दिक गाँये गाँये घाटे हाटे,
शहरे पाहाड़े बाँधुक ना शत घाँटि
धूमकेतु यत तारार लालेइ काटे ।

आकाशे वातासे घुरुक गुप्तचर
ताइ कि पक्षीराजेर थामबे ओड़ा ?
माठे बाटे घोरे बरकन्दाज शत
ताइ थमकाबे तोमार प्राणेर घोड़ा ?

युग युग धरे कालेर सागर सेंचे
वीरेर रक्ते मातार अश्रुजले
जययात्राके रुखबे के छले बले
अन्ध चोराय गड़खाइ कादा येचे ?

लाल तारा

जन्म पर तुम्हारे उदित हुआ था लाल तारा
अम्लान धरती ने उठायी थी भुजा ।
निरभ्र आकाश में भर गयी थी उच्चैःश्रवा की ह्लेषाध्वनि,
सप्त कालपुरुषों ने उठायी थी तान ।

रुद्र का हास, उमा के प्रेम की वह्नि,
सभी आन्दोलित हुए तुम्हारी बाहु-मुद्राओं में
वे अभी तुम से अपरिचित हैं, ओ कुमार !
चाहते हैं, फैलायें अपनी राक्षसी माया ।

दंगे होने दो, माटी रँग जाये रक्त से,
देश भर में, गाँव-गाँव,
घाट-हाट उन्हें फैलाने दो मृत्यु
नगर में, पहाड़ों पर उन्हें बनाने दो शत-शत दुर्ग,
एक लाल तारा देख, नष्ट होंगे वे तमाम धूमकेतु ।

आकाश में, अन्तरिक्ष में घूमते रहें गुप्तचर,
क्या रोक सकेंगे वे पक्षिराज की उड़ान !
मैदानों में, राहों में गश्त करें सैकड़ों बरकन्दाज़
उस से रुक जायेगा क्या तुम्हारे प्राणों का अश्व ।

दलदल से कितना ही माँगे वे कीचड़,
छलबल से जययात्रा प्रतिरुद्ध नहीं होगी ।
युग-युग से कालसागर ने पथ प्रशस्त किया
—वीरों के रक्त से, माताओं के अश्रुजल से ।

শুনেছি বিদেশে মেতে উঠেছিল নদী,
রাজার সেপাই কাদা দিয়ে তাকে রোখে,
ভেঙ্গে ধায় বান, ইতিহাস নিরবধি
টেমসেরই মতো ছুটেছে, কে তাকে রোখে ?

পড়ুক না গুলি, উঠুক না শত কোড়া
বাঙ্গলায় গাঁয়ে পাহাড়ে কলকাতায়,
তবুও কুমার ছুটেছে তোমার ঘোড়া
তড়িৎ ট্রামের চেয়েও ত্বরিত পায়ে ।

দু চোখে তোমার ধিকিধিকি লালতারা,
উত্তোলবাহু আগুনবাঁধানো মুঠা
দেশবিদেশের রাক্ষস দিশাহারা
ছুটেছে মরিয়া ইল্লিদিল্লি ঠুঁটা ।

বৃথাই ছড়ানো রক্তের লালধারা,
গাঁয়ে ঘাটে হাটে জন্মের লালতারা
জ্বলে যে তোমার পদক্ষেপে ছাটে
দেশে দেশে জ্বলে দুরন্ত পাখসাটে ।

খোলেনি খোলে না তোমার ঘোড়ার খুর
প্রাণে ইস্পাতে পিটানো সে অভিযান ।
তোমার বাহুতে তাই ভীরু বন্ধুর
দেশে দুর্জয় গরজায় জয়গান ।।

सुना था, विदेश में उमड़ उठी थी नदी
राजा के सिपाहियों ने रोकना चाहा कीचड़ से उसे,
तोड़ दिये बाँध, इतिहास है दुर्निवार,
सरिता की भाँति कौन उसे रोक सकता ?

गोली चले, उठें सैकड़ों कोड़े
बंगाल के गाँवों में, पहाड़ों में, कलकत्ते में
फिर भी, कुमार, निकल पड़ा है घोड़ा तुम्हारा
सरपट, बिजली की ट्राम से भी कहीं अधिक तेज़ !

तुम्हारी आँखों में दमकता लाल तारा
ऊर्ध्व भुजा, अग्नि-पूरित है तुम्हारी मुट्ठी
देश-विदेश के दानव हैं सभी चिन्तातुर
वे भाग रहे मरने से बचने को इधर-उधर ।

व्यर्थ ही बहाते वे रक्त की लाल धारा
गाँव-घाट-हाट में जन्म का लाल तारा
कौंध उठता है तुम्हारे पदक्षेप की आहट से,
देश-देश में दहकता वह तुम्हारे पंखों की गति में ।

गिरी नहीं, गिरेगी भी नहीं, तुम्हारे घोड़े की नाल
प्राणों के इस्पात से सुदृढ़ तुम्हारा अभियान
भीरु बन्धुओं के देश में तभी तो
तुम्हारी उन दुर्जय भुजाओं ने गुँजाया जय-गान ।।

इलोरा

आकाशे तोमार मुक्ति ; ये-कैलास बेंधेछे भास्कर
तोमार उर्मिल नृत्ये, नीलिमा से-नृत्येर सङ्गिनी;
सेखाने नेइको सोना कैटिल्येर नेइ बिकिकिनि,
सेखाने शून्येर चोखे सम्पूर्णता स्वाधीन, भास्वर।

से-दक्षयज्ञेर नाटे स्थिति काँपे संहारे-संहारे,
राजसूय असूयार युग गत कुमारसम्भवे;
नटराज सर्वहारा नीलकण्ठ गालवाद्यरवे
पाये-पाये पृथ्वी जागे सती तोले सर्वसंहारे।

सन्न्यासी, तोमार मुक्ति बाँधा जड़ पाथरे आकाशे,
रौद्रेजले छायातपे वर्षे-वर्षे उन्मुक्त स्वाक्षर
कठिन कष्ठिते लेखो नीलाकाशे, कालेर ईश्वर !

आमरा भास्कर, नइ, मूर्ति, मुक्ति आनि कर्मे चाषे,
यन्त्रेर घर्घरे, नित्य आन्दोलने, मुष्ठिभिक्षा आसे
नीलकण्ठ आमादेर मुक्ति नित्य। आमरा नश्वर॥

एलोरा

तुम्हारी तो मुक्ति आकाश में। निर्माण जिस कैलास का
मूर्तिशिल्पी ने किया नृत्य ऊर्मिल से तुम्हारे, नीलिमा ही संगिनी उस की,
वहाँ नहीं है स्वर्ण, न ही व्यवसाय कुटिलता पूर्ण,
वहाँ तो भास्वर है परिपूर्णता स्वाधीन शून्य की आँखों में।

दक्ष के उस यज्ञ-नाटक में काँपी है धरा-स्थित संहार की तालों पर,
राजसूय असूया का युग बीता कुमारसम्भव में
नटराज, सर्वहारा, नीलकण्ठ, ताल देते बम-बम रव से,
प्रत्येक चरणपात पर उन के जगती दुखिया धरती, देतीं सती सहारा

ओ संन्यासी, मुक्ति तुम्हारी तो बँधी है जड़-पत्थर से आकाश से
धूप में और वर्षा में, छाया में आतप में, तुम करते जाते अंकित स्वाक्षर
कठिन असिताश्म पर नीलाकाश के, हे काल-ईश्वर !

हम हैं मूर्तिशिल्पी, नहीं मूर्ति, लाते मुक्ति श्रमिक-कृषक के कर्म में,
यन्त्र की घर्घर में, नित के अपने आन्दोलन में,
हे नीलकण्ठ, मुक्ति हमारी आती भर-अंजुलि नित्य, हम तो मानव हैं नश्वर ॥

जलदाओ

फाल्गुन आरम्भे तार—
एक हिसाबे अवश्य माघेइ
किंवा तारओ आगे
ओ-बछरे—वा आर बछरे
बछरे-बछरे दीर्घ प्रकृतिर कर्मसूत्रे अथवा नियमे
छोटो घेरा माटिर संयमे
हाउयाय मुक्तिते गाँथा सरस सजल सङ्कल्पे गम्भीर
गन्धेर आलाप तार बाजे
पापड़िते-पापड़िते तार परागेर पाखोयाजे
ओ-बछरे वर्षार सजल मिछिले
किंवा तारओ आगे बुझि पाँच बछरेर दीर्घ दूर अभियाने
प्राणेर प्रयासे आज प्रचुरता तार
ताइ आज
यखन आकाशे नामे निर्जन विषाद
अन्धकार परोयाना शिमुलेर लाले
गोलमोरेर सोनाओ पाण्डुर
शालिकेर ऐक्यतान थेमे याय जामरूल-बागाने
कलकातार काक आर समुद्रेर वकेर वलाका बहुदूर
तखनइ कुँड़िते लागे अधरा आवेग कोन
वसन्तबाहारे लागे सहिष्णु हृदये थरोथरो
प्रचण्ड यन्त्रणास्पन्दे एकाग्र निर्देशे
आनन्द निमेषहीन रूपान्तरे सृष्टिते आकुल

तार परे आलो ज्वालि
बन्धु किंवा बइयेर आश्रये

पानी दो

फाल्गुन के शुरू में—
एक तरह से माघ ही में,
या उस से भी पहले
पिछले साल—या उस से भी पहले साल
साल पर साल प्रकृति के दीर्घ कर्मसूत्र में या नियम में
घिरी हुई छोटी सी धरती के संयम में
हवा की मुक्ति में गुँथे, सरस सजल संकल्प में गम्भीर,
पंखुड़ियों में उन के पराग की पखावज पर
उन की गन्ध का आलाप बजता है।
पिछले साल की वर्षा के सजल जुलूस में
या शायद उस से भी पहले के पाँच वर्षों के दीर्घ दूर अभियान के
प्राणमय प्रयास में आज उन की प्रचुरता है
इसी लिए आज
जब आकाश पर निर्जन विषाद उतर रहा है
सेमल की लाली में अन्धकार की सूचना है
गुलमोहर का सोना भी फीका पड़ गया है
शालिक की दीर्घ तान जामुन के बाग़ में थम गयी है
कलकत्ते के कौए और समुद्र की बलाकाएँ बहुत दूर हैं
तभी मिट्टी का आवेग कलिया उठा है, किस
वसन्तबहार से सहिष्णु हृदय में थरथराहट मच उठी है
प्रचण्ड यन्त्रणास्पन्द से एकाग्र लक्षित,
निमेषहीन आनन्द में रूपान्तर रचने के लिए आकुल।

फिर मैं बत्ती जलाता हूँ
मित्र या किताब के सहारे

किंवा कि खबर शुनि दाक्तार कोथाओ क्लान्त
सन्ध्यार प्रान्तरे एसे निःस्वार्थ आकाशे देखि
फुटे आछे शान्त शुचि
समयेर जड़ो करा भुल एकटि मुहूर्ते धुये
विनीत पद्मेर मतो निश्चिन्त अथच दान्त
कर्मेर संविते स्तब्ध
अभ्रान्त सम्पूर्ण सत्ता
रात्रिर नक्षत्रे येन प्रकृतिस्थ अस्तित्वेर आकाशे स्वाधीन
एकराश शादा वेलफूल।

गरमे विवर्ण ह'ल गोल्मोरेर सावेक जौलूस—
कृष्णचूड़ा चोखे आने ज्वाला
रौद्रेर कुयाशा ज्वले झरा मरा पोड़ा लेवार्नमे
एखाने-ओखाने देख देशछाड़ा लोक छायाय हाँपाय
पार्केर धारेर शाने पथे-पथे गाड़िवारान्दाय
भाबे ओरा कि ये भाबे ! छेड़े खोंजे देश
एइखाने केउ बरिशाले केउ केउ-वा ढाकाय

गरम हाउयाय झरे नील आर बेग्नी फुरुष
कृष्णचूड़ा निर्निमेष टेने चले टेने मालाबदलेर पाला
खुँजे खुँजे यमुनार स्निग्ध छाया की हिंस्र गरमे
एखाने-ओखाने देख कत घरछाड़ा लोक छायाय हाँपाय
पार्के छाउनीते पथे म्यानसनेर बारान्दाय शानेर शय्याय
कि ये भाबे घर छेड़े खोंजे बुझि देश
कोथाय ये याबे भाबे हाओड़ाय ना कि से ढाकाय

आमादेर घरे-घरे आमराओ नानान मानुष
गेये चलि चुपि-चुपि आमादेर पाला
किंवा गाइ ना आर माथा नाड़ि पोड़ा माथा गरमे नरमे
थेके थेके हयतो-वा आमादेर केउ-केउ मरीया हाँपाय

या थक कर कहीं दंगे की खबर सुनता हूँ, और तब
सन्ध्या के प्रान्तर में आ कर निःस्वार्थ आकाश में देखता हूँ
समय की जोड़ी हुई भूलों को पलभर में धो कर
विनीत पद्म की भाँति निश्चिन्त तथापि संयमित
कर्म की चेतना से स्तब्ध
खिली हुई है शान्त शुचि
अभ्रान्त सम्पूर्ण सत्ता
रात के तारों में मानो प्रकृतिस्थ, अस्तित्व के आकाश में स्वाधीन
सफ़ेद बेलफूलों की राशि।

गरमी से गुलमोहर का पूरा जुलूस झुलस गया है—
कृष्ण चूड़ा से आँखें जलने लगती हैं
धूप का कुहासा मुरझा कर झरे झुलसे लेबर्नम में जलता है
इधर-उधर देखो गाँव छोड़ कर आये लोग छाया में हाँफते हैं
पार्क के किनारे पटियों पर रास्तों पर बने गाड़ियों के शैड के नीचे
सोचते हैं कि वे क्या सोचें! गाँव छोड़ कर आये अपना गाँव खोजते हैं
कोई यहीं, कोई बरीसाल में या कोई-कोई ढाका में।

गरम हवा में नीले और बैंगनी बुरूंस झरते हैं
कृष्णचूड़ा अपलक मालाबदल का खेल खेलती चलती है
हिंस्र गरमी में यमुना की स्निग्ध छाया खोजते-खोजते
इधर-उधर देखो कितने बेघर लोग छाया में हाँफते हैं
पार्कों में, शैडों में, सड़कों पर, इमारतों के बरामदों में, फ़ुटपाथ के पत्थरों पर
घर छोड़ कर आये ये लोग क्या सोचते हैं! शायद अपना गाँव खोजते हैं
शायद सोचते हैं कि अब कहाँ जायें, हावड़ा में या फिर ढाका में।

हम लोग भी तरह-तरह के जने अपने-अपने घरों में बन्द
चुपचाप अपनी कड़ियाँ गाते चलते हैं
या शायद गाते नहीं, सिर्फ़ अपने सिर हिलाते रहते हैं, गरमी-नरमी से
झुलसे अपने सिर
कभी-कभी शायद हम में से कोई-कोई इस जीवित मृत्यु की या मृत-जीवन की

जीवने मृत्युते किंवा मृत्युते जीवने भग्न व्यर्थ असहाय
कि ये भावे कर्महीन अर्थहीन अचेना स्वदेश
कोथाय ये याबे भावे कोन देश शीतल वर्षाय

कारण देखेछे सब गोबि मरूभूते एक यात्रा कत सहास पुरुष
यात्री अभियात्री चले देखेछे तो तुषारेर देशे जयमाला
गळाय दुलिये चले विज्ञानेर मैत्रीर मरमे
मानुषेर प्रेमे वीर दग्धमेरू किंवा दीर्ण मध्य एशियाय
गमेर धानेर खेते प्राणेर आश्विन आने स्टेपे ओ तुन्द्राय
विजयी बसति आने सच्छल बसति आने उन्मुखर देश
कत चेलिउस्किन ! हाओड़ाय चाटगाँय बाँकुड़ाय चलेछे ढाकाय

हयतो-वा निरुपाय
हयतो-वा विच्छिन्नेर यन्त्रणाइ वर्तमाने इतिहास
बालिचड़ा मरा नदी जलहीन पाये पारापार
अथच वैशाखी हाओया बाङ्गलार समुद्रेर
आमेर मुकुले फल
राशि राशि बेलमल्लिकाय
बागान विह्वल आज कालेरइ बागान
तबु लुब्ध रुद्रेर माघेर
पाताझरा पाता-झरानोर क्षोभेर रागेर
तबु सेइ बाँचार मरार मरिया यन्त्रणा चले
आमादेर दिनेर शिकड़े रात्रिर पल्लवे।

यदि-वा हतुम फूल बइतुम दक्षिणेर हाओया
रइतुम निष्पलक रूपान्तरे द्रुत नित्य चाँद

किन्तु आमरा ये पृथिवीर आमरा मानुष
आमादेरइ अतीतेर स्रोते गड़ि भविष्यत्
ए-कुले ओ-कुले आमादेरइ वर्तमाने
किछुटा उद्‌वृत्त सत्वेओ—वृष्टि किंवा आर्तेसीय जले।

भग्न व्यर्थता में चरम असहाय हो कर हाँफने लगते हैं।
इस कर्महीन अर्थहीन अचीन्हें स्वदेश में वे क्या सोचते हैं ?
शायद सोचते हैं कि कहाँ जायँ, कहाँ है वह शीतल वर्षा का देश।

क्योंकि उन्होंने देखे हैं गोबी के रेगिस्तान में यात्रा करते हँसमुख लोग
देखे हैं तुषार-देश में चलते अपने गले में जयमाला डाले
विज्ञान की मैत्री से परिपूर्ण हृदय वाले यात्री-अभियात्री,
मानव-प्रेम के वीर जो दग्धमेरु या दीर्ण मध्यएशिया में
गेहूँ और धान के खेतों के सहारे स्टेप और तुन्द्रा में प्राणों का शरद ले आते हैं
जो विजयी बस्तियाँ लाते हैं, समृद्ध बस्तियाँ लाते हैं—और देश गा उठते हैं,
न जाने कितने चेल्युश्किन हावड़ा, चटगाँव, बाँकुड़ा या ढाका पहुँच जाते हैं।

शायद हम निरुपाय हैं
शायद विच्छिन्न जनों की यन्त्रणा ही वर्तमान का इतिहास है,
सूखे पैरों से मरी नदी की बालू रूँधते इस पार-उस पार चलते रहना
फिर भी बंगाल के समुद्र पर वैशाख की हवा चलती है
और आम के बौर फलते हैं,
बेल और मल्लिका के भार से
बाग़ आज विभोर है, काल का बाग़।
फिर भी भीषण माघ के क्षोभ और क्रोध की
पत्तों के झरने और पत्तों को झाड़ने की
जीने और मरने की चरम यन्त्रणा चलती रहती है
अपने दिनों की जड़ों में, रातों के पत्तों में।

काश मैं फूल होता, या दक्षिण की हवा ढोता होता
काश मैं रूपान्तर में द्रुत और नित्य निर्निमेष चाँद होता

पर हम तो इस धरती के हैं, मनुष्य हैं
हम अपने ही अतीत के स्रोत से भविष्य गढ़ते हैं
इस पार-उस पार अपने वर्तमान के किनारों पर
कुछ बच जाने पर भी—वर्षा में आर्तेसीय जल में।

कर्मिष्ठ यन्त्रणा—ना ह'ले बलब तीक्ष्ण प्रतीक्षाय
आततिर आवर्त-सेतुते घेंषाघेंषि
आमादेर उत्तराधिकार आमादेरइ क्रतुक्रतमेर
प्रात्यहिक पदक्षेपे
आमरा कोपाइ गाँथि बुनि आर आमराइ भानि
निजे-निजे एवं सबाइ यदि धाने मइ
दिइ निजे-निजे किंवा सकलेइ बेशि केउ कम
सदसत् तार निजेर सबार कम केउ बेशि

आमादेरइ इतिहास मुहूर्ते-मुहूर्ते गोने
तरंगित आयु तार जीवने मृत्युते
आमादेर जीविकाय जीवनयात्राय देह-मनेर विन्यासे
कर्मे अपकर्मे कर्महीनताय—किछुटा उद्वृत्त सत्वेओ
एक पात्र जल ज'मे येमन वरफ पात्रटि फाटाय

एबारे उठेछे हाओया धोंया नेइ दोला देबे चाँद
चैत्रेर सन्ध्याय हाओयाय-हाओयाय
ना कि कोनो दोलाइ देय ना से ?
पूर्णिमार चाँद बटे बाँध भेङ्गे तबु कि से हासे
प्रकृति कि अप्राकृत मूढ़ताय
हासबे कि एकाइ निषाद ?

निर्वाक निमेषहीन सन्ध्या पूर्ण चाँदेर मायाय
हेमन्त विषाद ए कि वसन्ते एनेछे ?

तबु सन्ध्या चैत्र सन्ध्या समुद्रेर वार्तावह
दग्ध दिने मृत्युर शहरे
तबुओ पूर्णिमा आसे पथे छादे प्रत्यक्ष कायाय
डुबिये दिनेर छाया कूट दुर्विषह
भेङ्गे दिये अन्ध विसंवाद
उन्मादेर व्यवसाओ
चूर्ण करे गृघ्नु दानविक हिंस्र कण्ठ

कर्ममयी यन्त्रणा—या फिर कहूँ तीक्ष्ण प्रतीक्षा में
तनाव के भँवरीले सेतु पर धक्कमधक्का करते
अपने कर्म और अभिनय के दैनिक पदक्षेप में ही
हमारा उत्तराधिकार है
हम खोदते हैं, गूँथते हैं, बुनते हैं, छीलते हैं
हम अपने-अपने खेत गोड़ते हैं—कोई कम, कोई ज़्यादा
जिस का अच्छा-बुरा फल हम सब को मिलता है
किसी को कम किसी को ज़्यादा

हमारा इतिहास एक-एक पल गिनता है
उस की लहर हमारा जीवन-मरण नापती रहती है
हमारी जीविका में जीवन-यात्रा में देह-मन के विन्यास में
कर्म में अपकर्म में कर्महीनता में—कुछ बच जाने पर भी
जैसे किसी बरतन में जल जमे और बरतन बर्फ़ से फ़ट जाय।

अब हवा चली है, धुआँ नहीं है, चाँद झोटे लेने वाला है
चैती साँझ की हवा में
या कि वह कोई झोटा नहीं लेता ?
पूनों का चाँद बाँध जरूर तोड़ता है फिर भी क्या वह हँसता है
प्रकृति पर या अप्राकृत मूढ़ता पर ?
क्या निषाद अकेला ही हँसेगा ?

पूरे चाँद की माया में निर्वाक् निमेषहीन सन्ध्या
वसन्त में यह हेमन्त का कैसा विषाद ले आयी है ?
फिर भी सन्ध्या यह चैती सन्ध्या दग्ध दिन में मृत्यु के नगर में
समुद्र का मर्मर संवाद लाती है,
फिर भी पूर्णिमा आती है सड़कों और छतों पर साकार
दिन की कराल विषैली छाया को डुबोती
अन्ध विवाद को चूर-चूर करती
उन्माद के व्यवसाय को उखाड़ती
लोलुप दानवी हिंस्र कण्ठों को रुद्ध करती।

হয়তো-বা শুনিনিকো হাসি
তোমার পূর্ণিমা ! তবু আমি শুধু খুঁজিনি বিষাদ
সোনালি চাঁদের এই নীল নির্বিকার আলোর বন্যায়
বরঞ্চ শুনেছি দেশে-দেশে লক্ষ্মীমন্ত সচ্ছল সুঠাম
গ্রামে-গ্রামে শহরে-শহরে, বিস্তৃত শান্তির বর্ষা
দেখেছি সবাই যেন ভাসি
দুলি যেন জ্যোৎস্নার সমুদ্রের ঢেউয়ে-ঢেউয়ে, নদী কিংবা
আলোর ঝর্ণায়
আকাশের সমতলে মৃত্যুও যেখানে পুত্র ও কন্যার
সম্পূর্ণ বার্ধক্যে স্থির মানবিক যেখানে বাঁচাই আর
বাঁচানোই স্বাভাবিক ।

হয়তো-বা যন্ত্রণাই সার
দেখে যেতে হবে আজ ঠেকে শিখে
সত্তার অক্ষরে লিখে-লিখে
অত্যাচারে অনাচারে উদ্‌ভ্রান্ত উন্মাদ এই বর্তমান
নিজে-নিজে এবং সবার কৃতকর্মে শুনে যেতে হবে
কুরুক্ষেত্রে ভীষ্ম যেন কিংবা সেই বিরাট প্রাসাদে
অজ্ঞাতবাসের বীর বৃহন্নলা অর্জুনের গান
কিংবা যেন ফাল্গুন চৈত্রের প্রস্তরিত
পাতাঝরা নতুন পাতার আঁকশিতে অঙ্কুরে
শিরায়-শিরায় শিকড়ের প্রচ্ছন্ন উৎসবে
অধরা অথচ তীব্র প্রাণের স্তরিত
অনিবার্য যতির স্তব্ধতা
শ্রুতির আক্ষেপস্পন্দে
কবিতার ছন্দের মতন
কিংবা যেন উত্তোলিত পদক্ষেপে
যখন সামনে দেখি সেতুর ফাটলে
অতলের প্রত্যাখ্যান এবং আহ্বান
কিংবা বুঝি মোহানার গান

शायद मैं तुम्हारी हँसी नहीं सुन पाया
पूर्णिमा ! फिर भी मैं ने सुनहले चाँद के इस नीले निर्विकार आलोक की
बाढ़ में सिर्फ़ विषाद नहीं खोजा है,
वरन् मैं ने गाँव-गाँव में, शहर-शहर में, देश-देश में
भाग्यवानों, धनवन्तों और सुडौल जनों की गिनती की है,
विस्तृत शान्ति की वर्षा में देखा है मानो सब तैर रहे हों
मानो सब ज्योत्स्ना के समुद्र की लहरों पर झूल रहे हों
नदी या आलोक के झरने में
समतल आकाश के नीचे जहाँ मृत्यु भी
पुत्रों और कन्याओं के सहारे सम्पूर्ण प्रौढ़ता में स्थिर और मानविक है
जहाँ जीना और जिलाना स्वाभाविक है ।

शायद यन्त्रणा ही सार है
ठोकर खा कर सीख-सीख कर देखते जाना होगा
सत्ता के अक्षरों में लिख-लिख कर
अत्याचार और अनाचार से उद्भ्रान्त यह वर्तमान
अपने-अपने कर्मों में सुनते जाना होगा
कुरुक्षेत्र के भीष्म अथवा उस विराटनगर के महल के
अज्ञातवास में वीर बृहन्नला अर्जुन का गीत
या मानो फाल्गुन-चैत्र की तैयारी में
झरते पत्तों में, अंकुरों में, नये पत्तों की शिराओं में
जड़ों के प्रच्छन्न उत्सव में
निराधार फिर भी तीव्र प्राणों की स्तुति की
दुर्निवार यति की सी स्तब्धता
श्रुति के विराम की निस्पन्दता
कविता के छन्द की भाँति
या मानो पैर उठाने के बाद जैसे
सामने सेतु की दरार से झाँकता
अतल का प्रत्याख्यान और आह्वान दिखाई दे जाय ।
या शायद मुहाने का गीत

हुगलिर निस्तरङ्ग सञ्चयी मध्याह्ने
पिछने अनेक स्मृति बहुस्रोत
रूपनारानेर
दामोदर काँसाइ हल्दि रसुलपुरेर
दूरेर मात्ला माथाभाङ्गा आरो दूरे पद्मार वानेर
अथच निःस्रोत मने हय एका कर्महीन
प्रतिवेशी नेइ
थाकलेओ निःसङ्ग से, कारण, सर्वदा
परधर्म भयावह भाँटाय जोयार
समुद्रेर आन्दोलन वान-डाका सन्त्रासे निःशेष
ताइ प्रतीक्षाय स्तब्ध किन्तु समुद्यत
अन्धकार प्रेक्षागृहे खरदीप्त नृत्यमञ्चे बोल छड़ाबार
आगेर मुहूर्ते आभङ्गआतत
वालासरस्वती किंवा रुक्मिणी देवीर मतो—
आसन्नसम्भवा अन्तर्मुखी जननीर मतो
बैशाखीर वृष्टिर आगेर स्तब्धताय सतर्क गम्भीर—
किंवा येन वल्गा धरे तातार सओयार एकाग्र संहत
पामीरे आराले किंवा बुझि कृष्ण काश्यप सागरे
तारपर लागे दोला लागे दोला
खरशर स्रोत
कल्लोल मुखर
समुद्रे-समुद्रे ओठे ताले-ताले
समुद्रे नदीते नील महासमुद्रेर कान्नाय हासिते
सागरउथ्थिता सेइ अधिष्ठात्री सुन्दरीर आविश्व आभासे
उर्मिल जोयार

एकाकार मुहूर्ते तखन चूड़ायित क्षणे साम्प्रतिक
अतीत ओ आगामीर गान
प्रात्यहिके-प्रात्यहिके

हुगली के निस्तरंग संचित मध्याह्न में,
और उस के पीछे अनेकों स्मृतियाँ, अनेकों स्रोत
रूपनारायण के
दामोदर के, काँसाई के, हलदी के, रसूलपुर
सुदूर मातला के माथाभाङा के
और उस से भी दूर पद्मा की बाढ़ के
और फिर भी यह कर्महीन निस्रोत अकेला लगता है
जिस का कोई पड़ोसी न हो
और हो भी तो निःसंग क्योंकि परधर्म
सदा भयावह होता है भाटे में ज्वार की भाँति
समुद्र का आन्दोलन उमड़ते सन्त्रास में समाप्त हो जाता है
इसी लिए प्रतीक्षा में स्तब्ध किन्तु समुद्यत
अँधेरे प्रेक्षागृह के प्रखर दीप्त नृत्य-मंच पर बोल शुरू होने के
पहले के क्षण में स्थिर भंगिमा में
बाला सरस्वती या रुक्मिणी देवी की भाँति—
आसन्न प्रसवा अन्तर्मुखी जननी की भाँति
वैशाख की वृष्टि के पहले की स्तब्धता में सतर्क और गम्भीर—
या मानो रास थामे पामीर या अराल या शायद कृष्ण कश्यपसागर पर
एकाग्र संहत तातार सवार हो
और उस के बाद झोटे पर झोटे लगते हैं
प्रखर धार का प्रवाह
कल्लोलों में मुखरित हो कर
समुद्र-समुद्र में ताल-ताल पर उमड़ने लगता है
समुद्र में नदी में नील महासमुद्र की हँसी में रुदन में
सागरोत्थिता उस अधिष्ठात्री सुन्दरी के आविश्व आभास में
उर्मिल ज्वार।

उस एकाकार मुहूर्त में उस चूड़ायित क्षण में
अतीत और अनागत का गीत साम्प्रतिक हो कर
प्रतिदिन की दिनचर्या में

पलिते उर्वर दिके-दिके मानसे शरीरे
जीवने जीवन ।

तोमार स्रोते बुझि शेष नेइ, जोयार भाँटाय
ए-देशे ओ-देशे नित्य उर्मिल कल्लोले
पाड़ ग'ड़े पाड़ भेङ्गे मिछिले जाठाय
मरिया वन्यार युद्धे कखनो-वा फल्गु बा पल्वले
कखनो निभृत मौन बागानेर आत्मस्थ प्रसादे
विलाओ वेगेर आभा

आमि दूरे कखनो-वा काछे पाले-पाले कखनओ-वा हाले
तोमार स्रोते सहयात्री चलि, भोलो तुमि पाछे
ताइ चलि सर्वदाइ
यदि तुमि म्लान अवसादे
क्लान्त हओ स्रोतस्विनी आकर्मण्य दूरेर निर्झरे
जियाइ तोमाके पल्लवित छाया बिछाइ हृदये

तोमातेइ बाँचि प्रिया
तोमारइ घाटेर गाछे
फोटाइ तोमारइ फूल घाटे-घाटे बागाने-बागाने ।

जल दाओ आमार शिकड़े ॥

उर्वर मिट्टी की दिशा-दिशा में, मानस में शरीर में
जीवन में जीवन्त हो जाता है ।

लगता है तुम्हारे प्रवाह का कोई अन्त नहीं, तुम ज्वार-भाटे में
देश-देश में उर्मिल कल्लोल में
किनारे ढहाती किनारे बनाती जुलूस में अभियान में
बाढ़ के अजेय युद्ध में कभी फल्गु में कभी पल्वल में
और कभी निभृत मौन उपवन के आत्मस्थ प्रसाद में
अपने वेग की आभा मिला देती हो ।

मैं कभी दूर कभी पास कभी पाल पर कभी डाँड़ पर
तुम्हारे प्रवाह के साथ-साथ चलता हूँ कि तुम कहीं भूल न जाओ
इसी लिए निरन्तर चलता हूँ
अगर तुम म्लान अवसाद से
क्लान्त हो जाती हो अकर्मण्य दूर के निर्झर में
तो स्रोतस्विनी ! मैं तुम्हारे हृदय पर पल्लवित छाया बिछा कर
तुम्हें जिलाता हूँ ।

तुम्हीं में मैं जीता हूँ प्रिया
तुम्हारे ही घाट के वृक्ष पर
तुम्हारे ही फूल खिलाता हूँ, घाट-घाट पर बाग़-बाग़ में ।

मेरी जड़ों में पानी दो ॥

अन्धकारे आर

अन्धकारे आर रेखो ना भय,
आमार हाते ढाको तोमार मुख
दु-चोखे दिये दाओ दुःख सुख,
दु-बाहु घिरे गड़ो तोमार जय,
आमार ताले गाँथो तोमार लय।

असह आलो आज घृणाय दग्ध,
दूषित दिने आर नेइको रुचि,
अन्धकारइ एकमात्र शुचि
प्रेमेर नहवत घृणाय स्तब्ध
आमार हाथे ढाको तोमार मुख ।।

अन्धकार से अब—

अन्धकार से मत डरो अब।
अपना मुख रख दो मेरे हाथों में;
आँखों में पी लो सुख-दुख दोनों,
बाँहों में घेर कर जीत तुम जाओ,
ताल में मेरी, लय अपनी अब बाँध दो।

असह प्रकाश दग्ध है घृणा से आज,
दूषित दिन में रही नहीं कोई रुचि।
एकमात्र अन्धकार ही तो है शुचि।
प्रेम का संगीत हुआ घृणा से स्तब्ध।
अपना मुख ढक लो मेरे हाथों से ॥

क्लान्ति नेइ

आमार स्वप्नओ अपरिसीम
आमार मने कोनो क्लान्ति नेइ,
अथच डाले-डाले शुकनो हाहाकार,
अथच माठे-माठे असाड़ हिम,
आकाशे कान्नारओ क्षान्ति नेइ !

जीवन उद्ग्रीव प्रतीक्षाय
प्रतीक्षा, ना एक मिश्रसुर !
आकांक्षार नीले रेङेछे अङ्गार,
चाओयाय पाओया मेशे से भिक्षाय,
शरीरे मन मेले मुठिते दूर ।

चाइ ना तुमि बिना शान्तिओ
तोमाके चाइ ताते क्षान्ति नेइ ।
कृष्णचूड़ा राङे, सेओ तो हाहाकार ?
आमारइ हृदयेर कान्ति ओ ।
तोमाके जेनेछे ये शान्ति नेइ
जीवने तार आर, सेइ हीरार ॥

नहीं है क्लान्ति

मेरे भी स्वप्न हैं सीमाहीन
मेरे मन में कोई क्लान्ति नहीं
किन्तु डाली-डाली पर शुष्क हाहाकार
जल-थल पर छाया है अवसन्न तुषार
आकाश में रुदन निरन्तर, लगातार ।

जीवन प्रतीक्षा में आकुल-उदग्र
प्रतीक्षा है अथवा यह कोई मिश्र धुन ?
आकांक्षा के नीड़ में रंजित अंगार,
भिक्षा में ही चाह और पूर्ति का मिलन,
मन है शरीर में, ज्यों मुट्ठी में विस्तार ।

शान्ति भी तुम्हारे बिना मुझे अस्वीकार
चाह यह मेरी कभी ख़त्म नहीं होगी
गुलमोहर की लाली ! हाँ, प्रतीक्षा है वह भी ।
मेरे ही हृदय की कान्ति वह ।
जिस ने तुम्हें जाना है, उसे नहीं शान्ति,
जीवन भर नहीं कोई शान्ति, उस हीरे को ।।

यम-ओ नेय ना

तुमि तो देखेछ ताँके ? आमादेर बुड़ि ठाकुमाके ?
पेयेछेन बहु ताप, देखेछेन बहु पाप, मृत्युओ अनेक,
तबुओ अम्लान प्राण, शुभ्रकेश सौन्दर्य आरेक
मर्यादार, अनेक देखार रूप; अथच सबाके
निर्विशेष ममताय संयत उद्वेगे उपदेश,
सह्येर अम्लान प्रज्ञा नेभेनि वृद्धार जरायणे,
सततार आशा दीप्त शीतेर आकाश से-नयने,
हिरण्मयी, निरुपमा, उपमा कि ? खुँजेछ स्वदेश ?

यम नाकि भय करे, यम नाकि दूरे राखे ताँके !
सात छेले सब गेछे, केउ दूर कमिशरियटे,
केउ-वा लक्ष्मीर खोंजे गदिर तलाय चापा कबे
कारो नामे कानाघूषा बाजारे खाराप कथा रटे,
सबाके नियेछे यम, शुधु एकजनार गौरवे
तल्लासीरा हाना देय आजओ, घरे पाय नाको ताके,
कखनो नन्दित वन्दी सर्वदाइ देश याके डाके,
ये-छेलेर मुख देखे यम-ओ नेय ना ठाकुमाके ॥

यम भी नहीं बुलाता

तुम ने तो देखा है उसे ! हमारी बूढ़ी दादी को ?
पाया है बहुत ताप, झेले हैं बहुत पाप,
देखी है मृत्यु भी असंख्य बार,
फिर भी अम्लान प्राण, शुभ्रकेश : मर्यादा का एक और नया सौन्दर्य ।
अनुभव का साक्षी : मुख, फिर भी सभी के लिए
निर्विशेष ममतामय संयत उपदेश ।
धैर्यमयी अक्षय बुद्धि, अभी तक न सठियायी ।
सत्यनिष्ठा, आशा से दीप्त शरदाकाश—उस के नयन ।
हिरण्मयी, निरुपमा वह ! उपमा दें किस से ?—मातृभूमि !

यम डरता है क्या ? यम क्या दूर रखता है उसे ?
सात-सात बेटे ! सब गये ! कोई दूर कमसरियट में !
कोई लक्ष्मी की खोज में दब गया न जाने कब गद्दी के नीचे !
वह एक बदनाम था बाजार में, लोग कानाफूसी करते हैं !
यम ले गया उन सब को; पर एक था गौरवशाली !
आज भी तलाशी वाले बोलते हैं धावा, पर घर में नहीं पाते उसे !
क़ैदी, वह वन्दनीय था कभी, देश के लिए सदैव मरने को तत्पर
उसी का मुँह देख, यम को साहस नहीं होता कि दादी के निकट आये ।।

उपोसी पाहाड़ेर चड़ाइपार

उपोसी पाहाड़ेर चड़ाइपार
एसेछि आज एइ उपत्यकाय,
पथेर लड़ायेर खदेर शेषे
घर कि बेंधे दिले नील छायाय ?
एखाने गाछे गाछे सरस प्राण,
एखाने घरे घरे सरल गान,
एखाने मानुषेर सहज मान—
एले कि जीवनेर उपत्यकाय ?
भिखारी दिनगुलि हयेछि पार,
हाओयाय पार नील समुद्रेर,
आकाल रातगुलि करेछि शेष,
मेघेर रातगुलि, ये रौद्रेर
शरद्-ऊषा दिये करेछि जय
से रौद्रे तो नेइ मरुर भय,
से आश्विने नेइ बानेर क्षय
आमरा सच्छल उपत्यकाय।
पाहाड़ बाँये जागे स्थपति आकाशेर
मेघ ओ रौद्रेर प्रेमेर आभासेर
सतेज मुक्तिर व्याप्त वातासेर
गानेर नदीपाड़े उपत्यकाय
हासिर आलो झरे एइ ये देश—
कविता आमादेरइ स्वदेश एइ
उपोसी पाहाड़ेर खाड़ाइपार
भिखारी दिनगुलि ये खाने शेष
सबुज शान्तिर उपत्यकाय ॥

उपत्यका में

भूखी पहाड़ियों के ढलानों के पार
अब हम पहुँच गये इस उपत्यका में।
पथों के दुर्धर्ष संघर्ष की समाप्ति पर
क्या यह नील छाया निर्मित करेगी कोई घर।
यहाँ वृक्ष-वृक्ष पर प्राणों की सरसता
यहाँ घर-घर में गान हैं सरल,
यहाँ प्रति मनुष्य का सम्मान सहज है
क्या हम पहुँच गये हैं जीवन की उपत्यका में ?
भीख माँगने वाले दिन बीत गये
हवा के पंखों पर नील समुद्र पार कर
अकाल-रात्रियाँ अब शेष हो गयीं
मेघाच्छन्न रात्रि को चीर कर सूर्य
शरद् उषा की प्रभा रहा है बिखेर
इस आलोक में मरु का नहीं कोई भय
इस आश्विन में बाढ़ करेगी न कोई क्षय
हम हैं स्वच्छन्द इस उपत्यका में।
आकाश को थामे है पर्वत-स्थपति
मेघ और सूर्य देते आभास प्रेम का
सतेज मुक्ति है व्याप्त वातास में
गान की नदी के तट पर बसी यह उपत्यका।
हँसी का आलोक झरता जहाँ वही है यह स्वदेश
हमारा स्वदेश यह कविता ही है
भूखी पहाड़ियों के ढलानों के पार
भीख माँगने वाले दिन अवशेष हुए
हरित शान्तिमयी यह उपत्यका ॥

आलेख्य

१

देखेछिलुम तो घोर लक्ष्मी गृहिणी,
तन्वी से श्यामा, चकित-हरिणी—यदिइ वा तोले चोख,
हातेर सोनार स्पर्श साराटा संसार,
येन वा फुलेर गन्ध छड़ाय ए-घरे ओ-घरे सबखाने
तारइ उठानेर यत्नेर टबे चारा।

आज देखि ताके कर्ममुखर कलरोले,
विश्वेर एक नारी,
तन्वी से श्यामा, तबु मने हय शरीर तार
दीर्घ सुठाम स्वप्रतिष्ठ स्पष्टतर—
मेदुर दुचोख थेके-थेके खर बिजलि हाने।

के ताके तुलेछे टब थेके खोला प्राङ्गणे,
नाकि से अधरा, बाँधन भेङ्गेछे पोड़ामाटिर ?
माघेर सद्य पल्लव येन पत्रनिविड़ आषाढ़े
श्याम समारोहे हाओयाय बकुलगन्धे दोले।

२

ताके चेना येन कठिन मानस-यात्रा,
किंवा येन-वा मरुभूमि घुरे जरिप,
हठात् आड़ाले देखा खेजुरेर शिहर,
हठात् देखाय टलोमलो हिमदीघि।

आलेख्य

१

देखा था उसे घर की लक्ष्मी गृहिणी
तन्वी वह श्यामा चकित-हरिणी—जब कभी प्रसारित करती आँखें,
हाथ के सोने के स्पर्श से उज्ज्वल उस का सारा संसार,
मानो फूल की सुरभि फैलाती हर कक्ष में
उसी के आँगन में यत्न के गमले में खिला यह पौधा।

आज उसे देखता हूँ कर्ममुखर कलरोल में,
लगती वह विश्व की एक नारी,
तन्वी है वह श्यामा, फिर भी मानो शरीर उस का
दीर्घ सुगठित स्वप्रतिष्ठ से स्पष्टतर—
कोमल आँखों से रह-रह कर तोड़ा बिजली कौंधती।

किस ने उसे गमले से उठा कर धर दिया है इस खुले प्रांगण में,
अथवा है वह मुक्त, तोड़ डाला है कुटिया का बन्धन ?
माघ की लगती वह सद्य पल्लव, मानो घने पत्तों वाले आषाढ़ में
बादलों के समारोह में हवा में डोलती मौलसरी की सुवास में।

२

उसे पहचानना मानो कठिन मानस-यात्रा है,
या फिर मानो मरुभूमि में घूम-घूम कर जरीबकशी है,
अचानक ओट से दीख पड़ने वाले खजूर वृक्ष की सिहरन है,
कभी अचानक छलकता हिम सरोवर लगता है।

आकाशेर मतो ऊषर, चलेछे शुधु पाण्डुर ढेउ,
टिलाय भाङ्गाय दिगन्ते प्रान्तर,
तारइ माझे दुइ पाहाड़ेर खदे सतेज रङीन पलाश
फाल्गुने किंवा राङ्बे !
अमर आशाय निश्चित येन रोपण करेछे केउ ।
एइ गाछे तार उपमा ।

जानि मने हय थेके-थेके कोथा पालाइ
येखाने द्वन्द्व समाहृत एक सुस्थ सुश्री गाने,
जानि तबु ताते घुचबे ना एइ वास्तविकेर वालाइ ।
से तो पालाय ना, से बले समाजइ भाङ्बे ।

से बले, मनके धनुकेर मतो बाँकाबे
आर तारपरे माटिते जिष्णु खरशरे
जागाबे सबार निर्झर ।
मन ? मने आछे, से बले, मानससरोवर
बहु पर्वत, तुङ्ग शिखर; से बले, प्रतिटि दिन
आमरा सबाइ शेरपा !

३
कि क'रे ये बलो कुसंस्कार ? ताके
देख यदि कोन टाट्का सकाले, सबे
स्नान सेरे भिजे
चूल मेले दिये शुरु करे तार दिन,
ताहले देखबे तोमादेरओ मने हबे,
यतइ बाँधुक तागाय ताबिजे भये उद्वेगे आशाय
निजके एवं आपनजनके, नाना
विश्वासे आर ऐतिह्येर भाषाय,
तबु येन तार शरीरेर तनु नम्रता
हृदयेर एक दिनरात्रिर नियमित निष्ठाइ ।

आकाश की तरह ऊसर, केवल पीताभ लहरों का चलना,
टीले पर तट पर दिगन्त प्रान्तर पर
उस के बीच दो पहाड़ों की खाई में सतेज पुष्पित पलाश !
फागुन और कितना रंग लगायेगा !
अमर आशा से अवश्य किसी ने मानो किया है रोपण ।
इस वृक्ष पर अपनी उपमा ।

जानता हूँ रह-रह कर कहीं भागने की इच्छा होती है
जहाँ द्वन्द्व समाहित होता है एक स्वस्थ सुन्दर गीत में,
जानता हूँ फिर भी उस से यथार्थ का यह चक्कर होगा नहीं समाप्त ।
वह तो भागता नहीं, केवल कहता इस समाज को तोड़ूँगा ।

वह कहता मन को धनुष की तरह करूँगा बंक
और फिर जमीन पर जिष्णु के तेज़ बाण से
उज्जीवित करूँगा हर एक का निर्झर ।
और हृदय ? याद मुझे, करता हमेशा बात मानसरोवर की,
बहुत से पहाड़ और उत्तुंग शिखर की; वह कहता है,
हर दिन हम सब शेरपा हैं !

३

कैसे कहते हो । तुम कुसंस्कार ? उसे
यदि तुम देखो कभी सद्य भोर वेला में, बस
नहा कर भीगे बालों को
फैला कर करती शुरू अपना काम,
तो देखना, तुम्हें भी प्रतीत होगा
चाहे कितने ही तावीज़-तागे, भय, उद्वेग, आशा से,
अपने को और अपनों को बाँध ले वह बन्धनों से,
नाना विश्वासों में और परम्परा की भाषा में,
फिर भी मानो उस की देह की नम्रता
हृदय की, दिन रात की नियमित निष्ठा ही है ।

प्राचीन देशेर दीर्घ जटिल विन्यासे
—येखाने बाबूर समाजे आजके मनेर प्राणेर पक्षे
दुदण्ड टेंका दाय
जीविकार दाये छाड़ा—
देख देख चेये जीवनेर सेइ देशे
भिजे चूल मेले सद्य पटुवासे
गोटा जीवनेर प्रेमे विश्वासी बाङ्गलादेशेर मेये,
करुणाय स्मित, प्रथमे कुमारी, वयसे सेवाव्रता ॥

प्राचीन देश के दीर्घ जटिल विन्यास में
—जहाँ बाबुओं के इस समाज में मन-प्राण को ले कर
टिकना एक क्षण भी दूभर है
जीविका के प्रयोजन के सिवा—
देख लो आँखों से जीवन के उस देश में
भीगे बालों को फैला कर धुले कपड़े पहन
सम्पूर्ण जीवन के प्रेम में विश्वास रखने वाली बाङ्ला देश की लड़की,
करुणा से उजली, पहले कुमारी, उम्र होने पर सेवाव्रत धारी ॥

सनेट

आमि तो छिलाम शून्य तेपान्तरे उद्वास्तु पाथर,
निकष पाहाड़ किंवा टिला, किंवा, बला याय, ढिपि,
तुमि शुरु क'रे दिले तोमार शकाब्दे शिलालिपि;
आज यदि याओ तबे मुछे याओ समस्त स्वाक्षर।

आमि या छिलाम, एका, अविचल, पाललिक शिला,
ताइ शुधु रेखे याओ, निये याओ दीर्घ इतिहास,
याबे यदि याओ दूर इन्द्रपस्थ मथुरा मिथिला,
आमार आदिम सत्ता नील शून्ये फेलुक निःश्वास।

ना हले अन्तत भाङ्गो तोमार खोदाइ सब स्मृति,
भेङे भेङे छारखार क'रे दाओ भास्कर्य-वाहार,
आमाके छड़िये जाओ इतस्तत वृष्टिर आहार,
वेये याब ढल-स्रोते, भेषे याबे वास्तु कालचिति।

कोथाय पालाबे तुमि, तोमारइ ए स्मृतिर पाहाड़,
धूर्त अगस्त्येरओ काछे कखनो से नोयायनि घाड़॥

सॉनेट

मैं था अकेला निष्प्राण ऊजड़ में एक विस्थापित शिला,
काला पहाड़, अथवा टीला, या सम्भवतया एक ढूहा
तुम आये, अंकित किया तुम ने अपना शिला लेख और किया स्थापित अपना युग;
आज यदि जाते हो तुम, तो मिटा जाना अपने स्वाक्षर का प्रत्येक चिह्न ।

मैं जो था अकेला, एक अविचल, जलोढ़ शिला
केवल वही छोड़ जाना तुम, साथ ले जाना लम्बा इतिहास,
जहाँ चाहे जाओ दूर, इन्द्रप्रस्थ, मथुरा, मिथिला,
बस मेरी आदिम सत्ता शून्य नील में होती रहे उच्छ्वसित ।

और कुछ नहीं तो तोड़ दो अपनी शिला-उत्खनित स्मृतियाँ,
नष्ट कर दो निर्मूल सारे चमत्कारी भास्कर्य
छोड़ दो मुझे बिखरा हुआ इधर-उधर, आहार वर्षा का,
मैं नदी के बहाव में हो जाऊँ खण्ड-खण्ड, तैर जाये मेरा आवासी सर्प ।

तुम कहाँ भागोगे बच कर, तुम्हारा स्मारक तो है यही पर्वत
धूर्त अगस्त्य के सम्मुख भी उस ने कभी झुकाया नहीं अपना शीश ॥

ताइ शिल्पे

ताइ शिल्पे सत्ता शुद्ध; तबु जानि जीवनइ आकाश,
शिल्प शुधु मेघ, ज्योत्स्ना, माघी रौद्र, आषाढ़ेर धारा ।
शिल्प शुधु इतिहास, मुहूर्तेर तोरणे पाहारा,
तड़ित् मुहूर्तमात्र, यदि बलो जीवनइ अभ्यास ।

आमादेर प्रत्यहेर विड़म्बित दिनगुलि झरे
फाल्गुन पातार मतो, चैत्रे कोनो राखे ना आश्वास;
आमादेर दुस्थतार ग्लानि ओड़े धुलार वातास;
पराग ओड़े ना कोनो सृष्टिमय वसन्तमर्मरे ।

जीविकार व्यर्थताय, तिले तिले नित्य आयुक्षये;
दैनन्दिन विकारेर मज्जागत आनन्देर भये
कोटि कोटि लोक बाँचि, नाकि मरि शासने शोषणे;
ताइ, थेके थेके खुँजि जीवनेर तन्मय भाषणे,
प्रेमे, सख्ये, प्रकृति वा संगठने,—मानुषेर जये,

शिल्पेर चिन्मय कर्म जीवनेर भङ्गुर मृन्मये ॥

इसी लिए शिल्प में

इसी लिए शिल्प में सत्ता शुद्ध है; फिर भी जानता हूँ जीवन ही आकाश है,
शिल्प केवल बादल, ज्योत्स्ना, माघी धूप या फिर आषाढ़ की अविराम धार है,
शिल्प केवल है इतिहास, मुहूर्त के तोरण का पहरेदार;
तड़ित् है केवल मुहूर्त, यदि कहो जीवन ही अभ्यास है।

हमारे दैनिक जीवन के विडम्बित दिवस हैं झरते
फागुन के पत्तों की तरह, चैत में नहीं है कोई विश्वास;
हमारे दुखी जीवन की ग्लानि उड़ती धूल भरी हवा में;
पराग उड़ता नहीं किसी सृष्टिमय वसन्त की मर्मर ध्वनि में।

जीवन की व्यर्थता में, तिल-तिल क्षरित होती आयु नित्य;
दैनन्दिन विकार के अन्तर्निहित आनन्द के डर से
करोड़ों लोग जीवित रहते, या मर जाते शासन या शोषण से;
इसी लिए, रह-रह कर ढूँढ़ता हूँ जीवन के तन्मय भाषण में
प्रेम, सख्य, प्रकृति या संगठन में—मनुष्य की विजय,

जीवन के भंगुर मृण्मय में शिल्प का चिन्मय कर्म ॥

परवासी

दुइ दिके वन, माझे झिकिमिकि पथ
एँके बेँके चले प्रकृतिर ताले ताले ।
रातेर आलोय थेके थेके ज्वले चोख,
नेचे लाफ देय कचि कचि खरगोश ।

निटोल टिलार पलाशेर झोपे देखेछि
हठात् पुलके वनमयूरेर कत्थक,
ताँबुर छायाय नदीर सोनालि सेतारे
मिलियेछि तार सुषमा ।

चुपि चुपि आसे नदीर किनारे, जल खाय !
शुनेछि सिन्धुमुनीर हरिण-आह्वान ।
चिता चले गेल लुब्ध हिंस्र छन्दे
वन्य प्राणेर कथाकलि वेग जागिये ।

कोथाय से वन, वसतिओ कै वसेनि,
शुधु प्रान्तर, शुकनो हाओयार हाहाकार ।
जङ्गल साफ्, ग्राम मरे गेछे, शहरेर
पत्तन नेइ, मयूर मरेछे पण्ये ।

केन एइ देशे मानुष मौन असहाय ?
केन नदी गाछ पाहाड़ एमन गौण ?
सारादेशमय ताँबु ब'ये कत घूरबो ?
परवासी कबे निजवासभूमि गड़बे ?

परवासी

दोनों ओर वन, झलझल करता पथ बीच में
बढ़ता जाता आँका-बाँका प्रकृति की ताल पर
चमक-चमक उठतीं आँखें रात्रि के आलोक में
लाँघा करते उछल-कूद मचाते पथ को शावक-शश ।

गोल-गोल टीलों पर देखा है झुरमुट में पलाश के
अकस्मात् हर्षित-पुलकित कत्थक वन्य-मोरों का,
तम्बू की छाया में लघु सरिता की स्वर्ण सितारी पर
मैं ने स्वर-मेल किया है उन की सुन्दर सुषमा का ।

आते चुप-चुप जो जल पीने सरिता के कूल पर
बहुत सुने हैं सिन्धुमुनि के होते हरिण-आह्वान
वह देखो चीता जाता लुब्ध हिंस्र भाव लिये
करता उत्तेजित वन्यजीव का सब कथाकली-वेग ।

कहाँ गया वह वन अब ? बस्ती कोई बसी नहीं
नग्ना धरती है केवल, हा-हा शून्य हवाओं की
कट गया सारा वन, ग्राम निःशेष, नगर अभी बसने को
शिल्प की शोभा बन-बन मोर सभी पण्य हुए ।

है मनुष्य क्यों इस देश में इतना मौन-असहाय
क्यों नदी-वृक्ष-पर्वत सब बने हुए हैं गौण ?
कब तक रहें घूमते लादे अपने डेरे-तम्बू ?
होगा निर्मित कब परवासी का घर अपने घर में ?

চিরঋণী

পৌঁছলুম ভোরের আকাশে,
তখনও জড়ানো রাত্রি গাছে ঘাসে মাটিতে পাথরে।

নিস্তব্ধ বাতাসে বাজে নূড়ির স্বরদ আর জলের সেতার
নানান কলিতে ছুঁয়ে ছুঁয়ে কোমলে কড়িতে পাশ কেটে
আশাবরী যোগিয়া তোড়িতে।

ডাইনে ঝোপের ডাকে ঢুকে দেখি একটি ঝলক
শুধু দুটি চোখ জ্বলে, আসন্ন সন্ত্রাসে স্থির
ঘৃণায় ও ভয়ে নিষ্পলক সংবৃত চিতার দুটি চোখ।

সারা দিন ঝরিপের অরণ্যরোদন।
বাঙ্‌লোয় ঘনায় রাত্রি,
তামা দিয়ে লোহা দিয়ে গড়া অন্ধকার,
অথচ ভিতরে ছোটে সরীসৃপ হাজার সংশয়।

চ'লে গেছে খিদ্‌মদ্‌গার তার দূর গ্রাম্য ঘরে।
আমি একা ব'সে আছি পরিশ্রান্ত
ঘুমের নদীর যাত্রী কণ্টকিত অরণ্যের নানা নৈশস্বরে।

আর থেকে থেকে মুহূর্তের অবশ অসাড় স্তব্ধতার অতল সাগরে
ডুবে যাই আর ভেসে উঠি, তাকাই দুয়ারে খিল কিনা।

যখন ঝিঝির বীণা মাঝরাতের মৈহারী রাগিনী
ধরে ধরে প্রায়,

चिरऋणी

भोर की वेला थी जब पहुँचा,
अलस पड़ी थी ढलती रात घास पेड़ मिट्टी और शिलाओं पर।

निस्तब्ध हवा में बजती थी कंकड़ियों की सरोद जल-सितार की संगत में
मनमानी तानों के टुकड़े भरती कोमल तीव्र स्वरों को छूती सी
असावरी तोड़ी और जोगिया के।

सहसा खड़का कुछ झाड़ी में दहिने—मात्र झलक ही देखी
दो आँखें थीं झलझल जलतीं आसन्न त्रास से हुई स्थिर
थीं निष्पलक घृणा और भय से आतत वे आँखें दो चीते की।

दिन तो सारा हुआ ज़रीब-फ़ीते में अरण्यरोदन।
बँगले लौटा तब घना रही थी रात,
ताँबा लोहा मिश्रित था वह अन्धकार,
फिर भी रेंग रहे थे भीतर शत-शत सरीसृप संशय के।

परिचारक जा चुका था कब का दूर गाँव के अपने घर।
मैं अकेला हूँ, बैठा हूँ क्लान्त परिश्रान्त
निद्रा नदी का यात्री होता कण्टकित वन के नाना नैशस्वरों से।

रह-रह कर जा रहता क्षण भर की तन्द्रिल निश्चलता के सागर में
डुबक डूब उतरा आता फिर देख उठता सिटकिनी बन्द द्वार की ओर।

जिस समय झिल्लिका वीणा पर मध्यरात्रि की मैहारी रागिनी
बस छेड़ने को ही थी,

अन्तरङ्ग एक डाके गरादेर फाँके देखि
आश्चर्य घनिष्ट एकटि हरिण आर एकटि हरिणी
काचे नाक घेषे आर मानविक चोख मेले देय
उद्‌वास्तु निर्भरे उपहारे ।

जीव जगतेर काछे सेइ थेके आमि चिरऋणी ॥

कि सुन पड़ा सहसा परिचित स्वर, देखा फाँक से जँगले की
एक हरिण एक हरिणी अत्यन्त घनिष्ठ भाव से
घिसते काँच पर नाक बड़ी मानविकता से आँखों में मेरी आँखें दिये
लिये सहानुभूति·का उपहार इस अगृही के लिए।

उस दिन से हूँ आज तक जीवजगत् का चिरऋणी ॥